廊坊师范学院 2022 年度校级学术著作出版资助项目（XCB202202）
河北省社科基金项目"乡村振兴战略下河北省农产品供应链创新系

U0515453

NENGYUAN TOURU JIQI DUI NONGHU SHENGCHAN
HE SHOURU DE YINGXIANG YANJIU
——YI WOGUO BEIFANG MALINGSHU NONGHU WEILI

能源投入及其对农户生产和收入的影响研究
——以我国北方马铃薯农户为例

李子涵 著

中国财经出版传媒集团
经济科学出版社
Economic Science Press

图书在版编目（CIP）数据

能源投入及其对农户生产和收入的影响研究：以我国北方马铃薯农户为例／李子涵著．--北京：经济科学出版社，2022.7

ISBN 978 - 7 - 5218 - 3748 - 3

Ⅰ.①能… Ⅱ.①李… Ⅲ.①能源供应 - 影响 - 马铃薯 - 作物经济 - 农业生产 - 研究 - 中国 ②能源供应 - 影响 - 马铃薯 - 作物经济 - 农户 - 收入 - 研究 - 中国 Ⅳ.①F326.11

中国版本图书馆 CIP 数据核字（2022）第 104128 号

责任编辑：程晓云　王红玲
责任校对：孙　晨
责任印制：王世伟

能源投入及其对农户生产和收入的影响研究
——以我国北方马铃薯农户为例
李子涵　著
经济科学出版社出版、发行　新华书店经销
社址：北京市海淀区阜成路甲 28 号　邮编：100142
总编部电话：010 - 88191217　发行部电话：010 - 88191522
网址：www. esp. com. cn
电子邮箱：esp@ esp. com. cn
天猫网店：经济科学出版社旗舰店
网址：http：//jjkxcbs. tmall. com
北京季蜂印刷有限公司印装
710×1000　16 开　9.5 印张　260000 字
2022 年 7 月第 1 版　2022 年 7 月第 1 次印刷
ISBN 978 - 7 - 5218 - 3748 - 3　定价：48.00 元
（图书出现印装问题，本社负责调换。电话：010 - 88191510）
（版权所有　侵权必究　打击盗版　举报热线：010 - 88191661
QQ：2242791300　营销中心电话：010 - 88191537
电子邮箱：dbts@ esp. com. cn）

前　言

随着我国农业现代化的推进，农业生产中的能源投入越来越多，农业生产成本也随之较快上涨，生产成本的上涨不利于农民纯收入提高，这对实现农民稳定增收是一个重大挑战。尽管我国贫困人口已于 2020 年底全部脱贫，但是未来如何巩固脱贫成果、防止返贫仍是一项艰巨的任务。2022 年《中共中央、国务院关于做好 2022 年全面推进乡村振兴重点工作的意见》强调要坚决守住粮食安全和防止规模性返贫两条底线，我国原 592 个贫困县中 549 个县种植马铃薯，且马铃薯收入是当地农民的主要收入来源。因此，研究农业生产中的能源投入对我国马铃薯生产及农民收入的影响，对保障粮食安全和巩固脱贫攻坚成果均具有重要意义。

基于 2007 年和 2012 年内蒙古自治区和河北省 502 户马铃薯农户的面板数据，对马铃薯生产中的能源投入结构及能源强度、影响能源投入需求的因素及其对生产和收入的影响进行了研究。首先，除了测算马铃薯生产中的直接能源成本和消耗量，本研究还运用过程分析法和能源等价系数法，借鉴陶小马等（2009）和袁鹏（2014）的方法，测算了马铃薯生产的间接能源成本及间接能源消耗量，并分析马铃薯生产的能源成本及能源强度；其次，构建超对数成本函数，推导出能源投入的需求函数模型，采用迭代似不相关方法（iterated seemingly unrelated regression，ISUR）估计能源投入的 Allen 偏替代弹性和要素需求价格弹性，进而分析马铃薯农户对能源需求的影响因素；再次，构建二次型（quadratic）生产函数，运用固定效应（fixed effect model）模型估计能源投入的产出弹性，进而探索能源投入对马铃薯单产的影响；最后，在利润最大化框架下，分析了平均能源成本对马铃薯农户收入的影响。

本书的主要研究结论如下：

第一，化肥、机械化与灌溉是马铃薯生产中最重要的三项能源支出，2007 ~ 2012 年，马铃薯生产中的能源成本及能源强度均提高。能源相关投入包括机械化、灌溉、运输及农药化肥等支出占生产成本的 50% 以上，仅测算其中的能源成本，其在农户马铃薯生产成本的比例也在 1/3 以上。就马铃薯生产的能源成本构成来看，间接能源支出占比在 70% 左右，直接能源支出占比只有 30%。具体地，化肥、机械化与灌溉是马铃薯生产中最重要的三项能源支出。就马铃薯生产的能源强度来看，2007 年和 2012 年的能源强度分别为 0.67 和 0.83 吨标准煤/万元，能源强度有所提高。一方面，说明样本地区的马铃薯生产方式发生了一定的转变，向资本密集型进行转变。另一方面，也说明能源效率有所下降。具体来看，直接能源强度由 0.26 提高到 0.44 吨标准煤/万元，而间接能源强度则保持 0.40 吨标准煤/万元不变，但是一直处于较高水平。

第二，农户对能源投入的需求对各自的价格缺乏弹性，化肥与电力和柴油是替代关系，电力与柴油间呈互补关系。在成本最小化框架下，通过构建超对数成本函数，推导出能源投入的需求函数，并计算了能源投入的 Allen 偏替代弹性和要素需求的价格弹性。通过实证分析发现，要素需求随着各自价格的提高而减少，除了价格因素以外，农户对电力的需求会随着马铃薯产出的提高而增加，对化肥和雇用劳动力的需求随着种植规模的扩大而增加，但是对电力和柴油的需求则随着种植规模的扩大而减少；拥有灌溉设备的农户对电力的需求增加，但是对柴油和雇用劳动力的需求减少；拥有机械设备的农户对柴油的需求增加，但是对化肥的需求减少；户主年龄增加会加大对化肥的需求，减少电力和雇用劳动力需求。这表明，灌溉对马铃薯产出的提高具有重要影响，同时，灌溉及机械化存在着规模经济，适度扩大农业生产规模，可以降低电力及柴油投入。就要素价格的自弹性看，能源要素需求对自身价格缺乏弹性，即能源要素价格上涨 1%，需求减少低于 1%。就要素需求的交叉价格弹性看，化肥与电力、柴油及雇用劳动间是替代关系，其中，化肥需求对劳动力价格的变动富有弹性，对电力和柴油价格的变动均缺乏弹性，具体地，劳动力价格上涨 1%，化肥需求增加 4.65%，电力和柴油价格上涨 1%，化肥需求的增加幅度不足 1%。电力与柴油间是互补关系，与雇用劳动力是替代关系，其他要素价格上涨 1%，电力需求的变动量均小于 1%；柴油与雇用劳动力间是互补关系，其他要素价格上涨 1%，柴油需求的变动量低于 1%。

第三，对处于化肥、灌溉和机械化投入均值水平的农户而言，能源相关投入的产出弹性大于 0。但是，约有 40% 的样本农户的化肥施用过量，较化肥而言，灌溉投入严重不足。2007～2012 年，样本农户的马铃薯单位产出显著提高，同时，能源相关投入如化肥、灌溉及机械化投入均显著增加。本研究在对二次型生产函数进行估计的基础上，测算了能源相关投入的产出弹性。

结果表明，化肥与灌溉投入和马铃薯单位产出间均存在倒 U 形关系；对处于化肥、灌溉和机械化投入均值水平的农户而言，能源相关投入的产出弹性大于 0，增加投入，仍然可以提高马铃薯单位产出。但是，约有 40% 的样本农户的化肥施用量高于边际产出为零的临界值；相比化肥投入，灌溉投入严重不足，样本农户的灌溉投入均值远远低于边际产出为零的临界值，因此，可以适当增加灌溉投入。此外，不同马铃薯种植规模农户的能源要素产出弹性存在差异。

第四，降低马铃薯生产的平均能源成本，即提高能源效率，可以显著提高农民收入。2007～2012 年，样本农户的收入显著增加，贫困农户数量大幅减少，马铃薯收入是样本农户的主要收入来源。在马铃薯生产中，农户在生产单位马铃薯中投入的能源成本，即平均能源成本越来越高，考虑到能源价格主要由市场决定，平均能源成本主要由能源投入量和马铃薯产出决定，也就是能源强度。在利润最大化框架下，构建了马铃薯生产的平均能源成本对农户收入影响的分析模型。实证结果表明，在其他变量保持不变的情况下，平均能源成本对农民收入具有负向显著影响，表明降低平均能源成本，也就是提高能源效率，可以有效提高农民收入，改善农民的贫困状态。此外，平均能源成本对农民收入的影响在贫困户与非贫困户之间、不同种植规模的农户之间存在显著差异。提高能源效率对贫困户的收入增长幅度要高于非贫困户。

基于本书的实证分析及主要结论，结合当前我国的实际情况，提出以下政策建议：第一，推广测土配方技术，减少农业生产中的化肥等间接能源投入；第二，加大宣传与培训力度，引导农民科学施用农药和化肥；第三，推广高效节能的农业机械器具，减少农业生产中的能源消耗；第四，适当增加马铃薯生产的灌溉投入；第五，提高农业生产中能源利用效率，促进农民稳定增收。

目　录

第1章

绪 论

1.1 研究背景

随着我国农业现代化的推进，农业生产中的能源及能源密集型投入品的投入越来越多。2000~2019年，我国农业能源消费总量从3913.8万吨标准煤增加到9018万吨标准煤，年均增长幅度为6.9%。尽管与第二产业相比，农业消耗的能源占总能源消耗量的比例并不高。但是，在国内生产总值（GDP）构成中，农业增加值的占比却一直在下降，从2000年的14.7%一直下降到2019年的7.5%（见图1-1）。因此，对于农业生产中的能源消耗必须引起足够的重视。

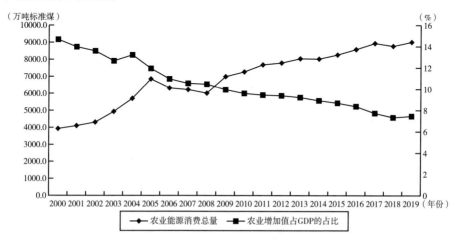

图1-1 2000~2019年我国农业能源消费总量与农业增加值在国内生产总值的占比

数据来源：《中国统计年鉴》，2001~2020年。

　　根据国家统计局的统计（见图 1 - 2），2000～2019 年，我国农业机械总动力以年均约 5% 的速度增长，同时，农用柴油的消耗量从 1405 万吨增加到 1934 万吨，随着农业机械化的继续推进，不难预测，我国农业能源的消费量必将继续增长（吕小明等，2012）。同期，我国农业的有效灌溉面积也以年均 1.5% 的幅度增长，电力的消耗量快速增加，从 2421.3 亿千瓦小时增至 9717.2 亿千瓦小时。2000～2019 年，我国农业生产中的间接能源——化肥和农药的施用量都呈现出了先增后降的趋势，这是因为 2015 年 2 月，原农业部制定了《到 2020 年化肥使用量零增长行动方案》和《到 2020 年农药使用量零增长行动方案》，倡导化肥农药零增长行动。在此期间，化肥施用量从 2000 年的 4146 万吨增加到 2019 年的 5403 万吨，低于 2015 年的峰值 6022 万吨，农药施用量从 2000 年的 128 万吨增加到 2019 年的 139 万吨，低于 2013 年的峰值 180 万吨。

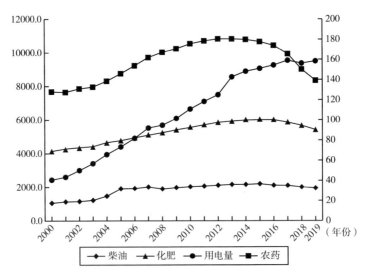

图 1 - 2　2000～2019 年我国农业生产中的直接能源和间接能源使用量

注：化肥使用量为折纯量。

数据来源：《中国统计年鉴》，2001～2020 年。单位为万吨和亿千瓦小时。

　　随着农业生产中的能源消费量的增加，一方面，温室气体排放增加，同时，环境污染问题加剧，生态环境受到严重的破坏。我国是世界上化肥和农药施用量最高的国家，化肥和农药的大量使用带来的农业面源污染问题也日趋严峻。同时，我国农业资源开发过度，地力培养投入不足，土壤保肥保水性能下降，耕地地力下降。加之我国水资源短缺，在某些严重缺水地区，为了发展农业生产,大量持续开发地下水,造成低下水位急剧下降。这都给农业可持续发展带来了不利的影响。另一方面,农业生产成本也随着能源消费量的增加呈现较快上涨趋势。以我国粮食生产为例,除人工成本外,其他投入品的生产成本从 2000 年的 183 元/亩增加到 2018 年的 450 元/亩,翻了一倍还多(见图 1-3)。其中,能源相关投入品的成本在 2000~2018 年均以不同涨幅在增加,如农药、燃料动力费和机械作业支出涨幅较大,化肥和排灌支出涨幅相对平缓。

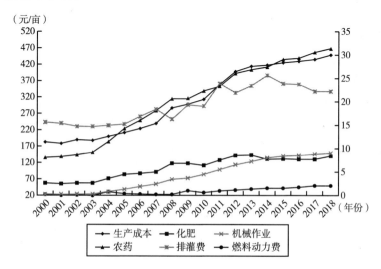

图 1-3　2000~2018 年我国粮食生产成本

数据来源:《全国农产品成本收益资料汇编》(2001~2019)。

生产成本增加将导致农民纯收入的减少(Richard et al.,2008)。这对我国政府实现农民持续增收的目标是一项挑战,特别是对实现我国脱贫地区农民的持续增收来说更是一项重大挑战。我国的贫困县主要集中在自然条件较差、交通不便、海拔较高的山区(屈冬玉,2013),在这些地区,适宜种植的作物非常有限。马铃薯具有适应性广,耐瘠薄、喜冷凉等特点,因此成为大多数贫困地区的主要种植作物,也形成了我国的贫困县分布与马铃薯的分布呈现出高度重合的特征。在我国原 592 个扶贫工作重点县中549 个县种植马铃薯(屈冬玉,2013),我国马铃薯种植面积的 70% 以上分布在贫困地区,如我国前 10 大马铃薯主产省份的贫困县有 344 个,前 5 大马铃薯主产省份(包括四川、甘肃、内蒙古、贵州和云南)的贫困县数量占全国的 60%。马铃薯既是当地主要的粮食作物,又是重要的经济作物(屈冬玉,2013)。马铃薯种植收入不仅是山区农户首要的农业收入的首要来源（郭欣旺，2011），更是主要的经济来源（Lin et al.，1998；Xie et al.，2003），特别是在北方山区，马铃薯收入已经占农户收入的50%以上（Lin et al.，1998）。

农业部于2014年底的全国农村工作会上正式提出了把"推进马铃薯发展和马铃薯主粮化"工作列入重要议程，并于2015年初明确提出了"马铃薯主粮化"（卢肖平，2015）。2016年2月23日，农业部发布了《关于推进马铃薯产业开发的指导意见》，提出"将马铃薯作为主粮产品进行产业化开发"。马铃薯产业的发展，有利于促进农民增收（张庆柱等，2015），特别是促进脱贫地区农民的持续增收具有重要意义。

我国的马铃薯种植面积及总产量位居全球第一，但是马铃薯单产水平仅为世界平均水平的85%（FAO，2014），与新西兰、美国、荷兰等发达国家的差距更大。因此，马铃薯仍具有较大的增产潜力。此外，马铃薯具有耐干旱，耐贫瘠等特点，适应范围广。相较于小麦、玉米等粮食作物，马铃薯对水肥的需求较低，马铃薯的耗水量比小米和水稻要少30%。发展马铃薯产业，特别是对我国北方干旱半干旱地区来说，有利于缓解农业用水压力，改善农业生态环境，实现农业可持续发展。

1.2　目标与意义

1.2.1　研究目标

本研究主要关注能源投入对农业生产及农户收入的影响，对能源投入对环境的影响并不涉及。本书以我国贫困地区的马铃薯农户为研究对象，通过实地调查，收集了农户在马铃薯生产各个环节的农资与劳动力等投入，以及家庭特征、收入与消费等微观数据，在分析我国农业生产的能源投入现状的基础上，就农户在农业生产中对能源需求的影响因素进行了分析，并深入探讨了能源投入对我国农业生产及农户收入的影响，在此基础上，为国家制定宏观政策提供一定的建议。

本研究的具体目标包括：（1）测算农业生产中的能源成本及能源强度。（2）实证分析农户在农业生产中对能源需求的影响因素。（3）农业生产中的能源投入对生产的影响。（4）农业生产中的能源投入对农户收入的影响。

1.2.2 研究意义

农业经济发展尤其是农民收入提高一直是我国关注的重点（王金田，2013），尽管我国贫困人口已于2020年底全部脱贫，但是未来如何巩固脱贫成果、防止返贫仍是一项艰巨的任务。因此，研究农业生产中的能源投入对我国马铃薯生产及农民收入的影响，促进脱贫地区农民的持续增收问题仍是我国经济社会发展中的一个重要课题。

随着我国农业现代化的发展，农业生产中的能源投入量不断增加，特别是机械化水平的提高，石油制品投入持续上涨，农业生产对能源的依赖性越来越大。农业生产成本，特别是能源相关成本显著提高，生产成本提高会降低农民的纯收入。

马铃薯作为我国继水稻、玉米和小麦之后的第四大粮食作物，种植范围非常广泛。加之我国马铃薯种植地区与原贫困地区高度重合，马铃薯收入又是当地农民重要的收入来源，要坚决守住粮食安全和防止规模性返贫两条底线。因此，马铃薯产业的发展不仅对保障粮食安全具有重要意义，对实现脱贫地区的农民增收与防止规模性返贫的目标也具有重要意义。

本研究的意义就在于，从能源投入的角度对农业生产进行研究，以我国脱贫地区的马铃薯农户为研究对象，通过分析能源投入对马铃薯生产及农户收入的影响，可以为国家从能源角度制定相关政策提供实证支持。

1.3 概念界定

1.3.1 能源投入

生产中的能源投入指用于各行业在生产中所投入的能源总量，直接参与国民经济价值创造，可以由各行业能源消费量加总得到（李洁，2012）。

农业生产中的能源投入可以分为直接能源和间接能源（Schnepf，2004；Beckman et al.，2013）。其中，直接能源主要用于三方面：第一，农业机械操作，如拖拉机、联合收割机等在田间的耕作，其消耗的能源以柴油为主；第二，小型设备如灌溉设备、喷雾器等操作，其消耗的能源以柴油或者电力为主；第三，市场运输，如购买农业投入品和销售农产品的运输，以消耗柴油或者汽油为主。而间接能源的使用主要是化肥（如氮肥、磷肥、钾肥及复合肥）和农药（如杀虫剂、除草剂及杀菌剂等）。生产化肥的所使用能源主要是天然气，生产农药消耗的能源除了天然气，还包括汽油。

本书分析中的直接能源包括柴油和电力，间接能源则包括化肥和农药。

1.3.2 能源强度

按照原国家能源领导小组办公室对能源强度的定义，"能源强度，也称单位产值能耗，通常是指一个国家或地区、部门或行业在一定时间内单位产值消耗的能源量，通常以吨（或公斤）油当量（或煤当量①）/万元来表示"。它反映经济对能源的依赖程度以及能源利用的效率。能源强度越小，说明能源利用效率越高，经济增长对能源的依赖程度越低。

本书中的能源强度，主要测度的是农户在马铃薯生产中的能源消耗量与马铃薯产值之间的关系。农业生产中的能源强度越低，说明农业对能源的依赖程度低，同时表明能源效率较高。

1.3.3 农户收入

《全国农产品成本收益资料汇编》在对全国大中城市露地马铃薯进行成本收益核算时，采用每亩净利润计算农户的马铃薯收入。这里的每亩净利润是用每亩马铃薯产品的价值减去每亩的总成本，其中，马铃薯产品价值是用亩均产量乘以销售价格，而总成本则是农资投入与人工投入的成本之和。在本研究中，农户的马铃薯收入采用的是"每户马铃薯净利润"指标考察农户的马铃薯种植收益。

根据《中国统计年鉴》中的统计指标解释，农民收入通常用农民总收入和纯收入衡量。总收入指的是在调查期内农村住户和住户成员从各种来源渠道得到的收入总和，按收入的性质可划分为工资性收入、家庭经营收入、财产性收入和转移性收入。纯收入是指农村住户当年从各个来源得到的总收入相应地扣除所发生的费用后的收入总和。农民人均纯收入是按人口平均的纯收入水平，反映的是一个地区或一个农户农村居民的平均收入水平。在本研

---

① 国际上通常采用标准煤、标准油或标准气。我国能源消费以煤为主，故国家标准《综合能耗计算通则》（GB2589–2008）规定，计算综合能耗时，各种能源折算为一次能源的单位为标准煤当量。

究中，采用农民人均纯收入这一指标来实证分析农业生产性能源对农户收入的影响。

1.4 研究内容

本研究包括绪论共分 8 章内容，各章内容安排如下：

第 1 章：绪论，主要阐述研究的选题背景，研究目标与意义；并就本研究所运用的研究方法及研究数据进行简要介绍；介绍研究思路与方法；同时，对研究可能的创新及不足进行阐述。

第 2 章：理论基础与文献综述，介绍本书所采用的理论，围绕研究的主要内容，对国内外有关能源投入与农业生产、农户收入及贫困相关的研究进行综述并进行评述，进一步阐明本研究的研究意义。

第 3 章：调研设计与样本数据描述，重点阐述了本研究采用的数据来源，使用的调研抽样方法和调研地点选取、调研样本的分布，并对整体数据以及基于能源投入角度的样本数据进行统计描述。

第 4 章：马铃薯生产中的能源投入与能源强度分析，通过对马铃薯生产中的能源成本与能源强度进行测算，旨在考察能源在马铃薯生产中的重要性，以及我国马铃薯生产的能源强度。

第 5 章：马铃薯生产中的能源要素需求及其影响因素分析。在成本最小化框架下，通过构建超对数成本函数，并推导出能源要素需求模型，采用迭代似不相关方法进行估计，并计算了 Allen 偏替代弹性及价格弹性，旨在考察影响农户对能源要素需求的影响因素。

第 6 章：能源投入对马铃薯生产的影响研究。在对调研数据进行统计描述的基础上，通过构建二次型（quadratic）生产函数，并计算了要素投入的产出弹性，考察马铃薯生产中的能源投入如化肥、灌溉及机械化对马铃薯生产的影响。

第 7 章：能源投入对农户收入的影响研究。在利润最大化理论框架下，建立了平均能源成本与农户收入之间的联系，并通过固定效应模型（Fixed Effect Model）就能源投入对农户收入的影响进行分析，同时对比分析了不同收入水平的农户、对马铃薯收入依赖程度不同的农户及不同种植规模的农户之间的能源投入对农户收入的影响。

第 8 章：结论与政策建议。在综合考虑理论分析及实证检验的结果的基础上，对改进农业生产能源使用效率、提高农业产出、促进农户增收脱贫提出相应的政策建议。

1.5 研究方法、技术路线与数据来源

1.5.1 研究方法

本书主要采用理论与实证研究、定性与定量研究相结合的方法，通过实地调查获得了一手数据，并结合二手资料的收集，以理论分析为基础，实证分析为重点，首先提出研究问题，综述国内外已有的相关研究文献，在经济学理论框架下，借助计量分析对已有数据进行实证分析，进而得出结论并指出解决问题的方法，最终提出相应的政策建议。具体来说，采用的分析方法如下：

（1）问卷调查法。本研究就农业生产中的能源投入对生产及农户收入的影响展开研究，所用数据是通过实地问卷调查获得的。问卷调查法具有两大优势：第一，可以突破时空限制，在广阔的范围内对众多的调查对象同时进行调查。第二，便于对调查结果进行定量研究（水延凯等，2003）。根据研究目标，必须科学合理地进行抽样。本研究总体上旨在考察农业生产中的能源投入与生产和农户收入之间的关系，因此在样本选取上不能做到完全随机抽样。在具体抽样过程中，需要综合考虑以下因素。第一，应选取马铃薯种植规模大且马铃薯种植业收入对农民收入影响显著的县市；第二，为考察能源投入对农业生产的影响，样本地区的农户在农业生产的能源投入上应具有差异性；第三，鉴于不同收入水平的农户间、不同种植结构的农户间、不同马铃薯种植规模的农户间在能源投入对农户收入的影响上的差异，样本农户在收入、种植结构及种植规模上均需具有差异性。

（2）比较分析法。研究对象与研究内容决定了比较分析方法在文中的应用具有重要意义，故在全书中普遍应用。本研究拟采用同类比较分析方法，这有利于发现事物发生发展的普遍性及特殊性（郭欣旺，2011）。该方法主要应用于不同马铃薯种植规模的农户之间、不同收入水平的农户之间以及不同种植结构的农户之间的比较研究。

（3）经济计量模型分析法。结合研究目标，基于问卷调查数据，通过统计分析对数据资料进行初步分析，在此基础上借助计量经济分析研究变量之

间的关系，进而得出相应的结论。本书的第 5 章、第 6 章和第 7 章分别采用了最小二乘（OLS）回归分析模型及农户固定效应模型及迭代似不相关回归（Iterated Seemingly Unrelated Regression，ISUR）模型。在对数据进行统计描述和计量分析时，本研究应用了目前广泛使用的经济计量统计软件 Stata 13 版本。

1.5.2 技术路线

本研究的技术路线如图 1-4 所示：

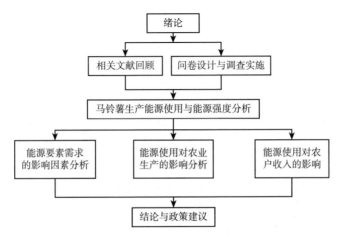

图 1-4 研究技术路线

1.5.3 数据来源

本书在分析中所用的数据主要来源于两方面：

首先，本研究所用的主要数据，尤其是实证分析数据均来自实地问卷调查。各章节使用的数据除单独标注的以外，均来自国际食物政策研究所（IFPRI）北京办事处与中国人民大学农业与农村发展学院联合开展的"新兴经济体国家的能源短缺、农产品供应链转型和减贫研究：以巴西、中国和印度为例"课题研究，该项目由英国国际发展署（DFID）进行资金支持。调研地点为内蒙古的武川县、乌兰察布市及河北的张家口市，共收集了 502 份农户问卷。

其次，本研究所需的其他数据，如马铃薯种植面积与产量、农业生产中的能源投入量、粮食生产成本等信息，主要是通过查阅国家及省市统计年鉴、相关数据网站等途径获取。如国家统计局编《中国统计年鉴》（历年）、《中国农业统计年鉴》（历年）、《中国能源统计年鉴》（历年）、国家发展改革委员会编《全国农产品成本收益资料汇编》（历年）、《内蒙古统计年鉴》《河北省统计年鉴》《呼和浩特统计年鉴》及《张家口经济统计年鉴》等。

1.6　可能的创新与不足

1.6.1　可能的创新

本书可能的创新之处在于：

第一，就能源价格对农业生产影响的研究都是从宏观层面进行分析，鲜有基于微观数据展开的研究。本书所采用的数据是通过实地问卷调查获取的面板数据，选取我国内蒙古自治区和河北省的 3 市 5 县 502 户马铃薯农户为调查对象，针对马铃薯这一具体作物，详细调查了 2007 年和 2012 年农户在马铃薯生产的各个环节中投入的能源及其他要素数据，填补了基于微观数据对农业生产中的能源问题进行研究的空白。

第二，将农业生产中的间接能源纳入研究范围。目前已有学者做了一些农业生产能源现状及影响因素的研究，但是已有研究仅限于就直接能源开展的研究。本书基于微观调查数据，借鉴过程分析法和能源等价系数法对间接能源成本进行了测算，同时借鉴袁鹏（2014）和陶小马等（2009）的方法，对间接能源消耗量也进行了测算。在此基础上，就农业生产中的直接能源和间接能源展开研究。

第三，在利润最大化框架下，构建了农业生产中的能源投入与农户收入的分析模型，并通过微观数据实证分析了贫困地区农户在马铃薯生产中的能源投入对农户收入的影响。

1.6.2　研究不足

受限于科研经费及学术水平，本书所用的调查数据只能反映我国北方马铃薯生产的情况，可能在全国层面上不具代表性，因此，得出的结论并不能有效适用于全国其他地区。在条件许可的情况下，若能对全国其他地方进行调研，将会使本研究的结论更加准确和实用。

第2章

理论基础与文献综述

2.1　理　论　基　础

2.1.1　生　产　理　论

根据厂商生产理论，短期内，厂商通过对可变生产要素的调整以实现预期的产量。生产过程中所投入的生产要素组合与其产出量之间的关系即为生产函数。也就是说，生产函数是在既定技术水平下，生产要素的组合所能生产的最大数量的产出。

通常主要的生产函数形式主要有三类：

第一类，20世纪初，美国数学家柯布（C. W. Cobb）和经济学家道格拉斯（P. H. Douglas）提出的柯布—道格拉斯（Cobb-Douglas）生产函数，被广泛用于分析生产要素与产出之间的关系。具体形式如下：

$$y = b_0 x_1^{b_1} x_2^{b_2} \cdots x_n^{b_n}, \quad b_i > 0, i = 0, 1, \cdots, n \qquad (2-1)$$

对式（2-1）两边分别取对数，可以线性化为：

$$\ln(y) = a_0 + b_1 \ln(x_1) + b_2 \ln(x_2) + \cdots + b_n \ln(x_n), a_0 = \ln(b_0) \qquad (2-2)$$

第二类，超对数生产函数，由于超对数生产函数不需对规模经济及要素间替代性进行限制，因此也是比较流行、实用的函数形式，具体如下：

$$\ln(y) = d_0 + \sum_{i=1}^{n} d_i \ln(x_i) + \sum_{i=1}^{n} \sum_{j=1, j>i}^{n} d_{ij} \ln(x_i) \ln(x_j), i = 0, 1, \cdots, n \qquad (2-3)$$

第三类，二次型生产函数，具体形式如下：

$$y = b_0 + \sum_{i=1}^{n} b_i x_i + \sum_{i=1}^{n} \sum_{j=1, j>i}^{n} b_{ij} x_i x_j, i = 0, 1, \cdots, n \qquad (2-4)$$

其中，y 表示产出，x_i 表示第 i 种生产要素的单位投入量（$i = 1, 2, \cdots, n$）。

2.1.2 成本最小化

能源是现代农业生产活动中必不可少的生产要素之一，假定农户面临的要素市场（如化肥、柴油及电力等）是有效的（尽管不是完全竞争市场），根据生产要素需求理论，厂商（这里指农业生产者）按照成本最小化原则选择需求要素的数量，进而决定要素需求。

在农业生产活动中，土地、劳动、资本和技术被认为是主要的生产要素。但是土地和技术通常被认为是长期投入，因此，短期成本函数通常只考虑资本和劳动两个可变生产要素。假定农户的生产函数是：

$$q = q(X, Z, H) \qquad (2-5)$$

其中，q 是农户的农业产出（如马铃薯），X，Z 和 H 分别代表可变要素投入量（包括劳动和化肥、柴油、电力等能源要素），农户固定要素及农户特征变量。假设生产函数满足凹函数性质，即一阶导数大于 0，二阶导数小于 0。

农户的短期成本函数如下：

$$C = Xp \qquad (2-6)$$

其中，p 是可变要素的价格。假定农户在预期的产出目标下将生产成本最小化，即：

$$\text{Min} C = Xp$$
$$s.t. \ q = q(X, Z, H) \qquad (2-7)$$

构建拉格朗日函数：

$$L = Xp + \lambda [q - q(X, Z, H)] \qquad (2-8)$$

对式（2-8）求一阶导数，可以得到要素需求函数：

$$X^* = x(p, q, Z, H) \qquad (2-9)$$

由此可见，在产量一定的条件下，要素的需求主要受要素价格和产量的影响。

2.1.3　利润最大化

利润最大化理论认为，农户在农业生产中遵循经济学上的利润最大化准则，该理论最具代表性的人物是美国学者西奥多舒尔茨。利润最大化理论开启了研究农户行为的经济理性视角，从经济学的视角分析农户在农业生产上的投入产出决策。

在产品价格既定的情况下，农户通过调整农业产出来实现利润最大化，农户的农业产出利润即为农业收益（农产品价格与农业产出之积）减去全部生产成本，即：

$$\pi = TR(q) - TC(q) \tag{2-10}$$

要使利润最大化，即满足：

$$\frac{\mathrm{d}\pi}{\mathrm{d}q} = 0, 即 \frac{\mathrm{d}TR}{\mathrm{d}q} - \frac{\mathrm{d}TC}{\mathrm{d}q} = MR - MC = 0 \tag{2-11}$$

也就是说，农户在农业生产中实现利润最大化的条件即为 $MR = MC$。

2.2　文献综述

2.2.1　农业生产中的能源投入

受 20 世纪 70 年代能源危机的影响，一些文献开始关注农业产业的能源使用，不仅包括农业生产的能源使用，也包括农产品加工及流通领域的能源使用情况。目前已经有一部分文献基于二手数据从宏观层面对发达及发展中国家农业产业的能源使用进行研究。

采拉尔和韦伯（Cuellar and Webber, 2010）的研究发现美国食物生产所需的能源占能源消费总量的 8%。仅化肥生产消耗的能源数量就约为美国粮食生产能源消耗的 1/3（Beckman et al., 2013）。由于能源价格上涨，再加上能源密集型投入品及石油制品的使用量增加，印度的农业生产成本快速上涨。此外，农业的能源消耗比例在 1980 ~ 2007 年从 2% 上升到了 7%（Girish et al., 2012）。一些学者分析了奶产品（奶酪、液态奶及黄油等）加工的能源使用情况。研究发现，不同国家间，或者同一国家内部的不同加工厂间的能源强度有很大不同,这也恰好表明奶业加工业的节能潜力很大(Xu et al.,2009;Xu and Flapper,2009)。

也有学者对我国农业生产的能源消费进行分析。2005 年以来,我国农业生产性能源消费逐年增加,以柴油、电力、原煤、汽油及间接能源消费为主(向猛,2010;张霞等,2015)。呙小明等(2012)也指出,随着农业机械化的发展,农业能源的消耗量必将继续增长。随着农业生产技术的提高,农业生产能源效率逐年提高(张霞等,2015)。管卫华等(2006)在拟合预测我国三大产业煤炭消费结构后,指出了农业生产中煤炭消费的变化趋势。朱立志等(2010)分析了我国 2000~2007 年农业生产能源的平均消费弹性,认为 2010~2020 年将是我国农业生产能源消费的大幅增长时期,在较长时间内我国农业生产能源消费仍将呈现不合理格局。唐仓华(2007)在讨论农业生产中商品能源使用存在问题的基础上,提出了农业生产性能源投入的优化方案。王丽红(2009)通过实证分析发现,我国农业生产对石油的依赖性在地区和结构性上具有差异性;刘吉双(2005)认为可以借鉴国外经验,采用综合行政、经济和法律的手段,引导、促进农业新能源的消费以我国降低农业生产中化石能源消费。李金凯(2008)还分析了我国农业生产性能源消费与国民收入之间的关系。

已有文献中也有基于微观数据对农业生产能源使用的分析,如郭欣旺(2011)针对甘肃马铃薯产业链的分析发现,化肥和农药的亩均成本高达117.6 元;里尔登等(Reardon et al.,2012)的研究发现三个国家(孟加拉国、印度及中国)98% 以上的马铃薯农户使用化肥及农药。此外,孟加拉国和印度的马铃薯储藏成本中,能源成本分别占 63% 和 71%。其中 80% 是电力成本。塔索等(Tassou et al.,2011)研究了英国 2570 个食品零售店的能源消费情况。

也有从农产品供应链的角度对能源使用开展分析的研究。本国供应链对于减少能源消费和温室气体排放的作用在近些年一直处于争论中(Pirog et al.,2001;Watkiss,2005;DuPuis and Goodman,2005;Redling,2008;Mariola,2008;Blanquart et al.,2010)。考虑到国际供应链中的运输、包装及存储对环境影响的重要性(Sim et al.,2007),一些学者认为减少运输距离及中间环节能够减少能源消费及相关成本(Jungbluth and Demmeler,2005;Pretty et al.,2005;Blanke and Burdick,2005;Pimentel et al.,2008)。但是,也有学者认为由于物流结构得不到优化,本国供应链的能源消费量反而很高(Schlich et al.,2006;Coley et al.,2009;Rizet et al.,2008)。施利希特等（Schlich et al.，2006）对比分析了三种产品（如果汁、红酒及羊肉）本国及国际供应链能源消费情况，得出了生产、运输的集中性对于产品运输的最终能源消费具有积极作用。克里斯汀（Christine，2006）的研究认为，对于特定的产品，如新鲜的水果和蔬菜，本国市场内销售与运输相关的能源使用更少。此外，通过新的销售渠道和使用更加节能的车辆可以提高本国市场的能源效率。

2.2.2　间接能源成本测算

经济活动中的能源成本计算一般有三种方法，即过程分析法和投入产出分析方法（Bullard et al.，1978），以及近年来简化的能源等价系数法（Reardon et al.，2014）。

1. 过程分析法

过程分析法适用于那些易于对物品和服务流向进行追踪的具体过程、产品或生产链。过程分析法计算的结果精确，但是却耗时费力。

过程分析法以某一特定产品为研究对象，例如产品 A。首先看生产 A 的过程中都需要哪些投入品。投入品可分为直接能源投入品（如燃油或电力）和非能源投入品。直接能源投入品的成本可以直接计算，而每一种非能源投入品都应该继续被当成另一个研究对象，再对这个研究对象计算其能源成本，具体参考计算产品 A 的能源成本的过程。这样的计算过程不断重复，一直到所有的能源投入都已被计入研究对象 A 的总能源成本为止（见图 2-1）。

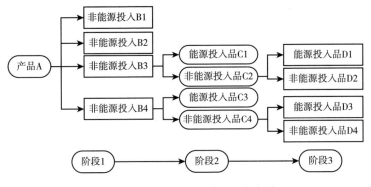

图 2-1　过程分析法计算能源成本过程

产品 A 的直接能源成本可由所有直接能源投入品的成本加总得到。间接能源成本计算如下：

$$间接能源成本 = \sum_i 所有非能源投入品的能源成本,$$

$$i\ 表示不同生产阶段$$

过程分析法对数据的要求较高，不仅要求具备研究对象的所有生产投入数据，并且对任一投入品的所有生产投入数据也须具备。然斯卡特（Refsgaard et al. , 1998）在对农业生产中的能源成本进行计算时，仅包含了第一阶段的间接能源成本，以避免这种无止境的计算，因为尼尔森和拉斯马森（Nielsen and Rasmussen, 1977）认为一般情况下，产品在生产过程最后两个阶段的能源成本可以包括所有能源成本的90%以上。

2. 投入产出分析法

投入产出分析法是由里昂惕夫（Leontief）在20世纪30年代发展起来的，他在20世纪70年代通过该方法分析了污染与企业生产投入的关系，并从最终的投入产出表中推算出企业生产的全部能源消耗。

投入产出分析是一个自上而下的，使用部门现金交易数据来说明存在于现代经济产业的复杂、相互依存关系的经济技术。里昂惕夫和福德（Leontief and Ford, 1970）及普洛普斯（Proops, 1977）最早对投入产出法及其在环境问题上的应用进行了介绍。伦曾（Lenzen, 2001b）详细介绍了投入产出法的数学计算过程，伦曾（Lenzen, 2001a）和蒙克斯加德（Munksgaard, 2000）则讨论了投入产出法固有的缺点（如企业及商品的分类，价格的非同质性等）和优势（如包含了全部商品等）。

布拉德和何仁丁（Bullard and Herendeen, 1975）将投入产出法用于分析美国不同经济部门的能源强度。随后，投入产出法也被用于分析家庭能源消费。威润格和勃洛克（Vringer and Blok, 1995）研究了人口对家庭能源消费的影响，发现家庭能源消费与家庭成员年龄有关。帕乔里和施普伦格（Pachauri and Spreng, 2002）发现印度人口增长是家庭能源需求不断增加的重要原因。伦曾（Lenzen, 2004）分析了澳大利亚、巴西、印度、日本和丹麦的家庭能源消费变化的原因，认为家庭规模越大，人均能源消费数量反而越小。

王妍等（2009）认为投入产出法具有其他方法不可比拟的可以计算消费品的间接能源消耗的优势。我国学者多利用投入产出法分析家庭能源消费。魏等（Wei et al. , 2007）率先使用投入产出分析法研究了1999~2002年中国城镇、农村居民直接及间接能源消费及碳排放情况。李艳梅和张雷（2008）测算了居民生活的间接能源消费，通过结构分解分析模型实证分析了中国居民间接生活能源消费增长的原因。王妍和石敏俊（2009）利用城乡居民生活消费数据，就1995～2004年中国城镇居民生活消费诱发的完全能源消耗进行了测算。秦翊和侯莉（2013）测算了城镇居民家庭间接能耗并实证分析了我国城镇居民收入对间接能源消费的影响。

从已有的投入产出的研究来看，投入产出法假定目标产品是某一特定部门的典型产出，更适用于宏观分析（Bullard et al. , 1978）。

3. 能源等价系数分析法

对于产品生产中间接能源成本的计算，可以通过间接能源投入品使用量和该投入品生产中的能源成本在总成本中的比重，也就是能源等价量来计算。里尔登等（Reardon et al. , 2014）通过该方法计算了不同农产品供应链中的间接能源成本。文章的间接能源主要包括化肥，测算方法是将农业生产中的化肥投入成本乘以化肥的能源等价系数（0.8）计算而来。能源等价系数是根据已有研究发现氮肥生产成本的75%～90%是天然气成本，即能源成本，故而将化肥的能源等价系数取值为0.8。该方法的优势是计算简单。

2.2.3 能源投入对农业生产的影响

1. 能源价格对农产品价格的影响

在1973年石油禁运事件①以后，学者开始关注能源与农产品价格的相互关系（Timmer，1975）。特别是发生在2002年的食品价格快速上涨，学术界再次关注能源价格对农产品价格的影响（世界银行，2008）。能源价格与农产品价格的关系在新背景下变得更为复杂（Kilian，2008）。

一般认为，能源价格波动和粮食价格波动之间存在着以下关联：第一，能源价格波动推动农业生产资料成本如机械、灌溉及农药化肥成本发生变化，成本驱动效应导致粮食价格波动（Carter and Youde，1974；石敏俊等，2009；Trostle，2008；Gohin and Chantret，2010）；第二，能源价格上涨会诱发生物能源需求加大，从而生物能源作物生产与农业生产形成争地矛盾，导致农产品价格波动（Ciaian and Kancs，2009；石敏俊等，2009；Gilbert，2010）；第三，能源价格波动导致的农产品成本收益变化会诱发农产品供需调整，从而引起粮食价格短期波动（石敏俊等，2009）。

---

① 1973年10月，第四次中东战争爆发，石油输出国组织（OPEC）纷纷要求支持以色列的西方国家改变对以色列的庇护态度，决定利用石油武器教训西方大国。他们减少石油生产，并对西方发达资本主义国家实行石油禁运，从而导致原油价格暴涨。

白等（Baek et al.，2009）发现从长期来看，能源价格是影响美国食品价格的主要因素，但是短期内能源价格对食品价格的影响较小。黑迪和樊（Heady and Fan，2010）通过宏观时间序列模型对国际能源成本上升给食品价格带来的影响作出了量化分析。戴维和德拉甘（David and Dragan，2010）通过对1970~2009年的美国月度食品价格数据进行分析发现，包括燃油在内的食品生产投入价格上涨对食品价格的决定起了重要作用。西尔伯曼等（Zilberman et al.，2008）的研究就指出，能源价格上涨可能导致市场对生物能源作物需求强烈，土地及水资源等要素都将被重新分配，这很可能造成对粮食作物生产的挤压，促进粮价持续上涨。尼加特等（Nigat et al.，2014）通过对跨地区数据进行分析，发现能源价格提高将会显著增加巴西乙醇的产量，同时欧盟地区的小麦生产将会减少。相对而言，美国和印度将不会受能源价格的影响。

辛贤和谭向勇（1999）、王兆阳和辛贤（2004）、程国强等（2008）、朱玲（2008）、石敏俊等（2009）对我国食品（及其他农产品）价格上涨因素分析是都指出能源成本上升是一个重要的推动因素。也有一些学者通过案例研究的方式对小麦和蔬菜供应链上各节点的成本收益进行了研究，认为油价上涨导致运输成本增加，再加上电费上升导致的加工成本提高，最终都影响了食品的销售价格（秦富等，2008；张喜才等，2011）。

2. 能源对农业产出的影响

能源对农业产出的影响研究从以下两个角度展开：

第一，将能源作为生产投入，研究其对农业生产的影响。一般情况下认为农业的主要投入包括土地、劳动力、资本和肥料等。学者们分别对中国农业不同时期的发展情况进行分解，发现间接能源（肥料）在实物投入中对我国农业发展的贡献最大（Lin，1992；Fan and Pardy，1997）。根据樊胜根等人的研究结果，1965~1993年，中国农业增长的21.7%来源于间接能源（肥料）的投入，粮食产量增长的12.9%来源于直接能源（电力）的投入，而土地和劳动力的贡献则很少。水和肥料是农业生产中的重要投入要素（何华等，1999）。近20年来，我国的有效灌溉面积和化肥施用量分别增长了31%和67%，粮食产量增长幅度仅为30%（国家统计局，2015）。对我国农业进行实证研究表明，农田灌溉（尹世久等，2009）和化肥施用量（张利庠等，2008；张炜等，2010）对粮食产量和生产力具有显著影响。此外，作为农业劳动力的替代，农业机械的使用也提高了劳动生产率，对农业产出的增加具有重要意义（孙福田和王福林，2005；杨进，2015）。

　　尽管马铃薯具有耐旱的特点，但是水肥供应对马铃薯产量具有显著影响（豆新社等，2009），有灌溉条件的马铃薯产量至少是旱作产量的 3 倍以上（秦永林，2013）。在供水充足的情况下，适度提高肥料的用量可以提高作物产量（王艳玲等，2004；吕殿青等，1999；刘作新等，2000），因为肥料的溶解、水解、吸收及运转均与水分直接相关（贺冬梅，2008），水分对肥料效应的影响在于可以提高作物对肥料养分的吸收能力。但是，并非水分越多越好，当水分过剩时，如灌溉或降水过多，则会造成养分淋失，反而不利于作物对养分的吸收（夏辉，2003）。国内外很多学者都对灌溉和施肥对马铃薯产量的影响进行了研究（肖厚军等，2011；张朝春等，2004；Seyed et al.，2010；陈瑞英等，2012；周洋，2011；刘凡等，2014；张志伟等，2013；豆新社等，2009；何华等，1999）。

　　第二，从能源价格的角度，分析其价格波动，主要是价格上涨对农业生产的影响。如克莱本斯丁和芝瓦斯（Kliebenstein and Chavas，1977）通过对美国中西部农场的研究发现能源价格上涨将导致农场种植作物品种的变化，由玉米替代大豆、小麦的种植。此外，能源成本的增加显著地降低了土地的影子价格；柳田和康韦（Yanagida and Conway，1981）分析了能源价格上涨对美国家畜业的影响，并指出其对猪肉和鸡蛋行业的影响最为显著；邦尼（Bonny，1987）发现能源危机不仅促进了法国农业生产过程中能源使用种类的多样化，由高价能源产品转向对低价能源产品的替代，此外，它还促进了农业部门经济效率的提高；汉森等（Hanson et al.，1993）分析得出由于受到农产品出口政策及汇率影响，不同能源密集度的农产品对石油价格波动的反应存在较大的差异；迪那（Dinar，1994）通过考察加利福尼亚州农户在能源价格上涨背景下的生产决策，发现能源价格上涨再加上旱灾导致农户对地下水需求加剧、耐盐碱的作物比重提高以及节能节水的农机比例增加、农场收入也显著减少。由于能源价格波动，短期内，农业能源供给将导致不可预期的粮食作物及畜牧业的生产发生转变，也会对农业收入及农村经济发展带来一定影响。长期内，能源价格持续上升也会对能源密集型产业如农业产生一定的影响，如利润下降等（Schnepf，2004）。胡伟莲等（2004）认为，能源危机在短期内不仅对畜产品价格以及整个行业的经济效益有影响，还会对畜牧业的各个生产环节产生异质性影响，但是从长远来看，能源危机将促进畜牧业发展由节粮型向节粮节能型转变；莫斯等（Moss et al.，2010）发现美国农业部门的能源需求对能源价格相对缺乏弹性，但是农业部门对能源价格的变动却非常敏感。

2.2.4 能源投入对农户收入的影响

1. 能源使用对农户贫困的影响

农业生产和农户贫困之间的联系通过农业生产率和农业收入与农业生产联系在一起。农业生产率提高,农业产出及农业收入增加,这样农户的家庭收入增加,最终贫困发生率降低(Norman, 1975; Ajibefun, 2000, 2002; Ater, 2003; Ajibefun and Daramola, 2003; Amalu, 2005; Umeh et al., 2011)。机械化、灌溉、化肥、农药及作物新品种等都会显著提高农业生产率,进而促进农户收入的增加(Saitan, 1983; Tekwa et al., 2010; Musa et al., 2012; Jin et al., 2012; Owombo et al., 2012; McArthur et al., 2014)。无论是机械化还是灌溉,都需要辅以能源投入,这些都是直接能源投入,而化肥和农药则是间接能源投入。

塞万提斯等(Cervantes et al., 2010)对比分析了过去 25 年间在减少贫困方面作出卓越成绩的 25 个国家的宏观经济特征及农业经济特征。样本国家既包括非常贫困的国家,也有一些富裕的发展中国家,因此样本具有代表性。此外,这些国家的政府及经济管理体系的差异也较大。经比较发现,经济增长,尤其是农业收入增长,对减少贫困的贡献非常重要。法鲁克等(Faruqee et al., 1996)分析了巴基斯坦农业增长对于减贫的贡献。研究发现,农村雇工市场受提倡机械化的政策的影响,并没有表现出如其他国家一样的对于减少贫困的作用。而政策扭曲也损害了小规模农户获得收入的机会。因此,农业结构及政策改革不仅会促进经济增长及提高效率,而且可以提高农业经济增长对于减少贫困的贡献。麦克阿瑟等(McArthur et al., 2014)利用面板数据实证分析了农业要素投入对谷物产量的作用。研究结果显示,化肥、现代化的种子及水对谷物产出增长具有显著正向影响。泰克瓦等(Tekwa et al., 2010)同样实证分析了现代技术(机械化、灌溉、化肥、农药及新品种)对农户农业产出及收入具有显著的正向影响。

农业机械化可以从两个方面影响收入,一方面可以采用机械化提高作物产量,增加农业收入;另一方面,机械化可以使农户获得其他就业机会,增加家庭收入。通过回归分析发现,机械使用显著影响非农就业收入,机械使用使得农户在农业生产的劳动时间减少,因而可以增加非农工作的时间,进而获得非农就业收入(Saitan, 1983)。穆萨等(Musa et al., 2012)实证分析了机械化对农业生产率的作用,研究发现采用机械化耕作的农户的农业生产率及收入显著高于非机械化农户。奥万博等（Owombo et al.，2012）对比分析了机械化与非机械化的玉米种植农户的收益情况，发现机械化农户种植玉米的收益率及收益成本比率均高于不使用机械的农户。可以看出，机械化能够提高作物产量进而增加收入，改善生活水平。

金（Jin et al.，2012）通过面板固定效应模型对印度 16 个州的地块层面的数据进行分析，发现灌溉对农业生产率有显著影响，并且不同灌溉类型及灌溉质量对农业生产率的影响也存在差异。

拉瓦雷等（Ravallion et al.，1995）分析了贫困与农业生产率及农村工资的关系。他们发现，短期农业生产率对贫困有显著影响，长期来看，农业生产率及农村工资对贫困有显著影响。农业生产率增长 1%，短期内，贫困发生率下降 0.28%，长期来看，贫困发生率可以下降 1.59%。而实际工资上涨 1%，贫困发生率下降 1%。奥塞尼等（Oseni et al.，2014）利用尼日利亚农户调研的面板数据，实证分析了农业生产率（单位产出）的决定因素以及农业生产率对农户贫困（以人均支出计算的贫困发生率）的影响，农业生产率的影响因素重点关注了化肥、杀虫剂及除草剂及劳动力，此外，农业资产、是否种植经济作物等变量也包含在模型中。研究表明，农业生产率（单位产出）对贫困发生率的影响在 0.25% ~ 0.3%。土地、劳动力、化肥、农业服务及农业多元化是影响农业产出最重要的因素。

然吉阿那瑞沙等（Randrianarisoa et al.，2001）利用广义里昂惕夫平方根生产函数分析了马达加斯加处于不同贫困水平地区的农业生产行为及农业生产要素的产出收益。结果显示，初等教育对贫困农户的影响较大而中等教育则对农业产出没有显著影响。贫困农户的农业生产要素投入的收益显著高于非贫困户，特别是现代化的要素投入。此外，阿哈默德（Ahmad，2003）利用随机前沿生产函数对巴基斯坦 4 省 16 区的农户调研数据分析了贫困农户和非贫困农户的要素产出弹性。结果发现，贫困农户和非贫困农户的产出弹性存在差异。非贫困农户的土地产出弹性高于贫困农户，即非贫困农户的土地投资回报率较高。增加获得农业生产投入品的途径将会提高生产率并减少贫困。

巴塔拉伊等（Bhattarai et al.，2003）通过印度 1970 ~ 1993 年 14 个州的面板数据分析了灌溉对农村贫困的影响，贫困指标以贫困发生率进行衡量，灌溉指标以灌溉面积比例衡量，研究发现灌溉对农村贫困具有显著负向影响。灌溉是通过增加作物产量、提高生产率等不同渠道影响贫困的，因此，灌溉对贫困的影响还依赖于农业生产过程、劳动力市场结构、非农收入增加及地区的其他结构、制度因素。阿叶尔（Ayele，2011）经实证分析发现小规模灌溉显著提高了农户的收入，比非灌溉农户的年均收入高27%。灌溉农户的贫困发生率低于非灌溉农户，在农户收入的最低四分位数中，灌溉农户仅占12%。回归模型发现，灌溉显著降低了农户陷入收入最低四分位数的概率，即本研究中使用的贫困线。迪内等（Dinye et al.，2013）对比分析了试验组和对照组的灌溉对西红柿农户的贫困影响。研究表明，灌溉有效提高了该地区西红柿的产量，进而提高了农民收入，降低了贫困发生率。

作物新品种对农业生产率同样具有重要作用。当特萨普等（Dontsop et al.，2011）实证发现，水稻新品种的使用对农户收入及人均支出及贫困减少具有显著正向影响，加强对水稻新品种的宣传等合理的政策以及其他配套措施可以提高水稻农户的收入，减少贫困发生。此外，阿瓦泰德等（Awotide et al.，2012）利用481户农户数据估计了水稻新品种的使用对水稻生产率及农户福利的影响。研究发现能否获得水稻新品种是影响农户使用水稻新品种的重要决定因素。采用水稻新品种的农户的贫困发生率低于非使用农户。使用水稻新品种对水稻产出和农户支出均具有显著正向影响。这说明使用水稻新品种有利于改善农户的生活水平。因此，应提高水稻新品种使用率以减少贫困，改善尼日利亚农户的福利。

也有学者关注农业效率与贫困的关系，为提高农业生产中的化肥使用效率，农户采用减耕技术，改善干燥机灌溉系统，对化肥的施用及时机也更为注意（W. Gellings et al.，2004；W. Musser et al.，2006）。阿萨格瓦等（Asogwa et al.，2012）利用尼日利亚农户数据，采用两阶段最小二乘方法分析了影响小规模农户的农业效率（技术效率、分配效率及经济效率）和贫困的影响因素。此外，结果表明，农户的技术效率（产出投入比率）和经济效率（单位产出的生产成本）是影响农户贫困的最重要因素。

已有研究明确表明农业生产率提高有助于减少贫困，但是农业生产中各投入要素，特别是能源要素投入对农业生产率增长、提高农业收入及减贫的影响研究并不多，基于中国的研究就更加少见。

2. 能源效率对农户收入的影响

农业生产中的能源消耗随着农业现代化的推进不断增加（Mandal et al.，2002），这是由于农业生产更多地依赖化肥、农药、机械及电力等能源投入品和能源生产服务等（Ibrahim et al.，2005）。能源价格上涨，带动能源密集型投入品或生产服务如化肥、农药、机械使用、灌溉等价格升高，农业生产成本快速上涨，短期内，农业生产者并不能在价格上升情况下及时调整投入品的使用量，因此，农业净收入将会减少（Kevin D. et al.，2005）。当然，如果生产率的提高抵消了生产成本的上涨，农业净收入也会保持不变甚至可能增加。马尔等（Maamar et al.，2012）通过宏观数据分析了能源消费与农业增加值之间的关系，能源对农业增加值的提高具有有限的作用，因此，能源供给冲击会对农业产生负向影响。

在能源价格上涨的压力下，为了维持高额的农业收入，通常有以下几种途径可循，第一，转向种植能源需求低的作物；第二，用其他投入品替代高价能源投入品，但是，能源和其他投入品的替代性有限（Macours and Swinnen，2000；Mathijs and Swinnen，1998）；第三，减少能源投入品使用量，同时农业产出也会降低（Skold，1977；Dalgaard et al.，2000）；第四，发展农业技术，提高能源使用效率，在不降低能源投入的情况下维持农业产出，或者降低能源强度即单位产出的能源使用量来节约能源使用（Skold，1977；Harman et al.，1985；Dalgaard et al.，2000）。农业能源的有效使用不但可以节约生产成本，提高农业生产率，实现高额利润，还可以节约资源，减少污染（Pimentel，1980；Ozkan et al.，2004；Singh et al.，2002；Manes and Singh，2005）。

20 世纪 80 年代中期，就有学者对比了农业免耕技术与传统技术的收益及免耕技术对能源使用和地下水资源枯竭的影响，发现免耕技术不仅提高了水资源和能源的使用效率，而且提高了农业产出，因此，免耕技术的收益也更高（Harman et al.，1985）。苏丹尼等（Soltani et al.，2013）同样认为水土保持耕作如减耕或免耕技术将会减少能源投入。卡利等（Karale et al.，2008）对比分析了印度大豆和棉花作物的传统耕作和机械耕作的能源成本，发现传统耕作方式的能源成本高于机械耕作，对于该地区的小农户来说，机械化种植大豆是获得净利润最大化的最佳选择。索伦森和尼尔森（Sorensen and Nielsen，2005）认为使用新型机械和采纳减耕技术可以减少能源使用。曼达尔等（Mandal et al.，2002）认为机械化耕作尽管增加了能源支出但是总生产成本会下降。纽尔奥（Nuppenall，2009）认为能源强度，即能源使用受农业生产技术的影响，而农业生产技术和生产规模相关。在农业生产层面，并不仅仅是采用免耕技术就可以解决的问题。因此，他分析了农业能源强度与农业生产规模之间的关系。易卜拉希马等（Ibrahim et al.，2005）在对土耳其棉花生产进行分析的基础上，也认为大规模农户的能源生产率、能源效率及收益更高。单位能源成本随着农业生产规模的扩大而降低，大规模农户可以更好地利用能源实现最大产出（Singh et al.，1996）。巴瓦尼等（Bhavani et al.，2003）认为在匈牙利农业转型时期，持续的能源价格上涨导致农业能源强度降低。

此外，也有大量的研究关注不同国家不同作物的能源强度或能源效率问题。如法国农业生产的能源效率、经济效益及机械化水平的关系（François et al.，2009）；伊朗的小麦、玉米、洋葱、西红柿、榛子和大蒜（Shahin et al.，2008；Ebrahim et al.，2012；Reza Yadi et al.，2014；Lorzadeh et al.，2012；Rasoul et al.，2014；Morteza et al.，2013；Nabavi-Pelesaraei et al.，2013；Naeimeh et al.，2011）；印度的水稻、玉米、大豆作物（Yadav et al.，2013；S. Mandal et al.，2015；Mandal et al.，2002）；摩洛哥的甘蔗（Mrini et al.，2001）；马来西亚的水稻（Bockari et al.，2005）；土耳其的西红柿、棉花、甜菜等（Ibrahim et al.，2005；Demircan et al.，2006；Canakci et al.，2005）；意大利的大豆、玉米和小麦（Sartori et al.，2005）；美国的小麦、玉米和高粱（Franzluebbers et al.，1995）；希腊的棉花和向日葵（Tsatsarelis，1991）；德国的油菜（Rathke et al.，2006）。已有研究表明，化肥和柴油在农业生产能源投入中的比重最高。此外，能源产出投入比率有所下降，也就是说，农业生产的能源效率降低（Ozkan et al.，2004；Ibrahim et al.，2005），因此，应该发展新技术，提高能源效率，减少能源投入。

尽管已有文献表明，提高能源效率即降低能源强度可以提高农业收入，但是并没有文献将能源强度和农业收入结合在一起进行实证计量分析。

2.2.5 农业生产中的能源需求的影响因素

阿德吉等（Adesoji et al.，1986）将农户生产投入品划分为劳动力、化肥、能源投入（包括汽油、柴油、石油液化气、电力、天然气等）、机械（包括机械租金、机械及设备）、资本（包括土地、建筑物及其他固定资产如牲畜）、其他投入品六部分。利用多产品成本函数分析了畜牧业和种植业的能源需求情况，研究发现，在种植业和畜牧业生产中，劳动力和其他投入品与能源是互相替代关系，而资本、机械和化肥则与能源是互补关系。能源需求缺乏弹性，机械成本上升可以显著减少能源需求。技术变革对资本、机械及化肥的需求增加，但是可以减少对劳动力及能源的需求。

罗宾（Robbin，1972）实证分析了美国农业生产的产出效应，不同投入品价格变化的影响及技术进步的影响。以及这些因素如何影响农业生产投入品包括资本（耐用消费品、农业生产设备如牲畜等）、劳动力（家庭劳动力及雇工）、能源、生产资料（化肥、农药、其他投入品及农业服务）及土地的需求。研究发现，替代效应、技术进步及产出效应都是决定投入品需求的重要因素，产出效应对不同投入品的需求具有正影响，并且，对不同投入品的影响具有显著差别。福涛石（Futoshi，2014）利用印度尼西亚农户层面的面板数据分析了农业土地、资本投资及劳动力工资的动态变化。实证分析表明，实际工资上涨情况下，规模农户一方面通过机械投入替代劳动力投入，另一方面，也会通过土地流转扩大种植规模。在经营规模大于自有土地情况下，土地和机械呈互补关系。但是这些动态变化在小规模农户中并没有看到。

马瑟等（Musser et al.，2006）认为农业种植结构、经营方式、家庭特征及地域特征等都会对能源需求有影响。文章通过多元线性方程分别估计了农业生产中的直接能源需求及间接能源（主要是化肥）需求的影响因素，研究发现，灌溉会同时增加化肥及直接能源的使用，玉米种植面积增加，直接能源使用减少，受教育程度越高，化肥的使用越少，产出预期高，化肥投入多，有机肥与化肥呈负向关系，抗虫品种、到市场的距离、使用传统机械耕作等对直接能源使用的影响并不显著。林毅夫（2000）分析了杂交水稻对投入品的需求影响因素，发现劳动力投入和化肥是机械动力的互补品，化肥和机械动力是互补品。化肥的单位使用量随着土地规模扩大而减少，户主的教育水平对化肥的使用有显著正影响。向猛（2010）在农户追求利润最大化的假设前提下，对农户能源投入品的需求影响因素进行分析，发现农作物种植面积、农地收益，尤其是农业生产收入比重及户主培训对农业能源投入均具有正向影响。彭科等（2012）通过 2000~2008 年我国 30 个省市的农业生产能源消费数据，实证分析了影响农业生产能源消费的因素，结果发现，农业经济增长、农业从业人数、机械化水平及过去消费习惯与农业生产能源消费正相关；能源价格与农业生产能源消费负相关，农业固定资产投资在短期内对农业生产能源消费的影响有限。当前节约农业生产能源消费应从改革能源价格机制、更新改造农机和改变不合理的生产方式等方面入手。

更多的已有文献是从不同的能源密集型投入品的角度，分别阐述农户对能源的需求决定因素。杰弗里等（Geoffrey et al.，2012）认为影响农户采用新技术的因素可以分为经济因素和非经济因素。阿里亚等（Ariga et al.，2012）研究了影响肯尼亚化肥使用的因素，发现化肥价格提高会降低使用的概率，而农产品价格提高则会提高其使用的概率。但是，化肥价格对化肥使用数量的影响并不显著，也就是说，价格信号对于农户是否使用化肥非常重要。艾萨等（M. Assa et al.，2014）利用超越对数成本函数，通过似不相关估计方法对 160 户农户截面数据实证分析了影响小农户购买化肥和种子的决定因素，也认为农产品价格、种子价格、化肥价格及家庭收入与化肥投入比例呈正相关关系，因此，可以通过政策对投入品和农产品市场进行干预，从而影响农户的种植计划，进而达到促进化肥和种子使用的目的。周等（Zhou et al.，2010）分析了中国农户化肥使用的影响因素，利用中国河北张家口的349户农户数据，分析发现，灌溉、化肥产出率及预期收益会显著正向影响化肥使用，而土地规模、有机肥使用、土壤肥力和到市场的距离则对化肥使用有显著负向影响。伊泽等（C. I. Ezeh et al.，2008）通过多元线性回归模型对150户小农户的化肥消费的影响因素进行分析，结果显示，家庭收入、种植经验、运输成本及化肥价格均对小农户的化肥消费有显著影响。其中，家庭收入和种植经验对化肥消费的影响为正向，而运输成本和化肥价格的影响为负。

非经济因素可以归纳为农户特征、制度因素等（Lanyintuo and Mekuria，2005）。农户特征包括性别、年龄、受教育程度、家庭规模等，而制度因素包括土地规模、是否协会成员、信息、信贷及公共设施的可获得性等。尤格乌扎等（Ugwuja et al.，2011）通过 OLS 模型对124户农户数据进行了分析，发现种植经验、年龄、受教育程度、婚姻状况、家庭规模、土地规模、收入及土地所有权均会影响农户的化肥使用。奥克艾多等（Okoedo et al.，2011）对尼日利亚的农户数据进行分析发现，可获得性、价格高、缺乏资金及信息等都是制约化肥采用的因素，此外，年龄和收入水平也会影响化肥的采用，年龄越大，收入越高，其接受化肥的可能性越大。奇洛等（Chilot et al.，2013）通过对226户农户数据进行分析，发现户主受教育程度、牲畜拥有数量、地块数量、土地所有权、信贷和技术推广的可得性、有机肥的使用均会影响化肥的采用及使用数量。

艾萨等（M. Assa et al.，2014）认为化肥与劳动力之间具有相互替代性，因此，家庭规模大意味着更多的廉价劳动力，因此购买化肥的资金会被分配至购买种子。杰弗里等（Geoffrey et al.，2012）利用 2008/09 年乌干达农业普查数据分析了影响农户使用化肥的影响因素，发现因获得化肥推广服务导致的缺乏化肥使用知识及市场信息是影响农户化肥使用的最重要的因素。信贷约束及因距离导致的投入品及农产品市场约束也是制约化肥使用的因素。此外，家庭特征如受教育程度、家庭规模、家庭成年人比例及牲畜财产也是影响化肥采用的重要因素。文章认为，增加农业培训、拓宽信贷渠道会对增加化肥采用具有重要意义。

土地规模越大的农户其使用化肥的概率越大，但是化肥的单位使用量随土地规模增加而减少。此外，租入土地的农户更倾向于使用化肥（Ariga et al.，2012）。艾萨等（M. Assa et al.，2014）也发现家庭土地规模、受教育程度及家庭规模与化肥投入比例呈负相关关系。

户主是女性的家庭的化肥使用率及使用量都显著低于男性户主家庭。离化肥销售点远的农户使用化肥的可能性较低，受教育程度、种植经验对化肥采用及使用量均具有显著正向作用。年龄对化肥的采用具有负向作用（Ariga et al.，2012）。

已有研究中多是分别从农业机械化、灌溉（直接能源）和化肥（间接能源）的影响因素进行分析，从能源使用的角度进行分析的研究还比较少，仅在马瑟等（Musser et al.，2006）的研究中有所涉及，而关于中国农业生产性能源的研究，不是采用宏观数据，就是从直接能源（如农业机械化和灌溉）和间接能源（化肥）分别展开，利用微观数据对某一特定作物的农业生产性能源的相关研究更为少见。

第 3 章

调研设计与样本数据描述

　　鉴于通过公开的统计数据获得有关微观农户生产的详细资料非常困难，因此课题组采取分层随机抽样的方式进行样本选取和调查，以获得准确翔实的数据和信息，同时辅以村庄层面的宏观数据。因此，有必要就调查设计、抽样框架及调查实施情况进行全面详细的介绍。本章内容分别就样本区域的选择、调查对象的确定、抽样的情况、问卷设计以及调查实施等方面的情况进行阐述和说明。

3.1　调　研　设　计

3.1.1　调　研　地　点

　　研究数据来源于 2013 年 11 月～2014 年 1 月对内蒙古的乌兰察布市的察右中旗、四子王旗，呼和浩特市的武川县，以及河北的张家口市的康保县和涿鹿县进行的马铃薯农户生产等情况的调查。

　　马铃薯在我国种植范围非常广泛。但是基于本研究的重点之一是考察农户的能源使用及其对马铃薯生产及农户收入的影响，因此，在确定样本农户调查地区时综合考虑了生产区域分布、种植面积与产量、收入水平、种植方式、能源使用等因素。

　　自 1993 年以来，中国一直是全球第一大马铃薯生产国。2012 年，中国马铃薯总产量约占全球马铃薯总产量的 24%（FAO）。由于马铃薯在保证中国粮食安全、能源安全和消除贫困中所起的重要作用，以及马铃薯的比较效益高于其他农作物，中国马铃薯种植面积在过去 10 多年来一直呈上升趋势（谢开云等，2008）。2000～2012 年，我国马铃薯种植面积呈现波动上涨趋势，由 4723.43 千公顷增加至 5531.95 千公顷，增加了 808.52 千公顷。同期，马铃薯产量由 6628.2 万吨增加到 9276.25 万吨，增加了 2648 万吨。2000 年以来，我国的马铃薯单位产量同样呈现波动上涨趋势，从 14 吨/公顷增至将近 16.77 吨/公顷，每公顷的产量增加了近 3 吨（见图 3－1）。尽管我国的马铃薯单产水平一直在提高，但是仍然低于全球及亚洲的平均水平，2013 年，我国单产仅为世界马铃薯平均单产的 87%，亚洲马铃薯平均单产的 90%（FAO，2015）。我国各省份间的马铃薯单产水平差异很大（国家统计局，2015）。2012 年，吉林、江西、黑龙江和广东的平均单产在 25 吨/公顷以上，接近世界先进水平，而内蒙古、贵州、陕西、宁夏及山西的单产还未达到全国马铃薯平均单产水平。由此可见，我国在提高马铃薯单产水平上仍然存在非常巨大的空间。

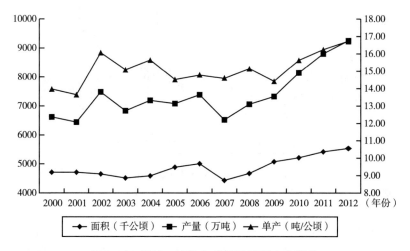

图 3－1　2000～2012 年我国马铃薯生产情况

数据来源：《中国农业年鉴》，2001～2015 年。

我国有四个马铃薯主产区，分别是北方一作区、中原二作区、南方二作区和西南单双季混作区（金黎平和罗其友，2013）。其中北方一作区是我国第一大马铃薯主产区，2012 年，该区域的马铃薯种植面积约占全国马铃薯种植面积的 47%（国家统计局，2013）。内蒙古自治区和河北省都是北方一作区主要的马铃薯生产省份，农业产业在经济发展中占有重要地位。2013 年，农业总产值分别占相应省份总产值的 17% 和 21%，并且这两个省份的马铃薯生产的机械化程度及灌溉水平等都在近些年有所发展，从而能源使用也随之发生了改变。此外，在全国 592 个贫困县中，内蒙古占 31 个，河北省有 10

个国家级贫困县。在当地农户的收入构成中，马铃薯收入是农户的重要收入来源。

　　无论是马铃薯种植面积还是总产量，内蒙古自治区均排在全国前三位（见图 3 - 2）。2012 年，内蒙古马铃薯的种植面积已经达到 68.1 万公顷，约占全国马铃薯总产量的 10%。尽管河北省的马铃薯种植面积和产量排名并不靠前，但是河北省是我国马铃薯北方一作区的重要省份。2012 年，河北省的马铃薯种植面积及总产量均约占全国的 3%。

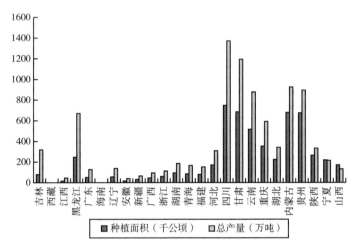

图 3 - 2　2012 年我国各省份马铃薯种植面积及产量

数据来源：《中国农业年鉴》，2015 年。

　　乌兰察布市不仅是内蒙古最重要的马铃薯生产地，也是我国最大的地市级马铃薯产区，被誉为"中国薯都"。乌兰察布市地处蒙古高原，海拔高度在 1000～1500 米，气候偏冷，非常适宜马铃薯种植。而且马铃薯也是当地非常重要的粮食作物之一。2011 年，乌兰察布市种植马铃薯 26.6 万公顷，总产量 406.4 万吨，均占内蒙古马铃薯种植面积和总产量的 40% 左右（内蒙古经济社会调查年鉴，2012）。乌兰察布市的马铃薯种植主要分布在四子王旗、察右中旗、察右后旗、商都县、兴和县、丰镇市，这 6 个旗县的马铃薯总播种面积占到乌兰察布市总播种面积的 70% 以上（乌兰察布市农业局）。

　　呼和浩特市是内蒙古自治区第三大马铃薯种植区。2011 年，呼和浩特市的马铃薯种植面积和总产量分别为 9.3 万公顷和 107.6 万吨，分别占内蒙古马铃薯种植面积和总产量的 13% 和 11%（呼和浩特年鉴，2012）。武川县的马铃薯种植面积及产量一直以来在呼和浩特市均排第一位。马铃薯是武川县的主要产业，2011 年，武川县的马铃薯种植面积达 2.7 万公顷，接近全县粮食作物种植面积的一半，马铃薯总产量达 37.6 万吨，分别占呼和浩特市马铃薯种植面积和总产量的 30% 和 35%（呼和浩特年鉴，2012）。

张家口市是河北省的马铃薯主产区之一，马铃薯是张家口的重要的粮食作物之一。2011 年，张家口市的马铃薯种植面积 9.81 万公顷，约占河北省的 60%，而马铃薯产量达 172.66 万吨，则占全省的 70% 以上（《河北农村统计年鉴》，2012）。张家口处于华北平原向蒙古高原的过渡区，因此有两个截然不同的地貌单元，分别是坝上高原区和坝下低中山盆地区。坝上地区地处蒙古高原的南缘（平均海拔 1400 米），包括沽源、康保、尚义和张北四县，约占张家口总面积的 1/3。因与内蒙古乌兰察布市毗邻，坝上地区的地貌、气候特征均与乌兰察布相似。坝上地区是张家口市的马铃薯主要产区，2013 年，坝上四县的马铃薯种植面积占全市的 68%，马铃薯总产量占全市的 65%。

在 2014 年公布的全国 592 个扶贫工作重点县名单中，张家口市占 10 个（分别是张北县、康保县、沽源县、尚义县、蔚县、阳原县、怀安县、万全县、赤城县和崇礼县），占河北全省贫困县总数的 1/4。乌兰察布市占 8 个（分别是卓资县、化德县、商都县、兴和县、察哈尔右翼前旗、察哈尔右翼中旗、察哈尔右翼后旗和四子王旗）。呼和浩特市占 2 个（分别是武川县和清水河县）。除涿鹿县是省级贫困县外，我们调研的其余 4 个样本地区均是国家级扶贫工作重点县。

2015 年以来，乌兰察布市把扶贫开发作为全市头号民生工程，采取多项措施促进贫困农牧民稳定脱贫增收和贫困地区经济社会快速发展。同时，把马铃薯、蔬菜等设施农业和生猪、肉羊、肉牛等高效养殖业作为培育产业进行重点扶持。

2014 年，四子王旗的农牧民人均可支配收入 7806 元，同比增长 13%。马铃薯产业作为四子王旗的主导产业，种植面积达 88 万亩。新建马铃薯大中型储窖 12 座、60 吨马铃薯储窖 238 座，存储能力累计达到 7.7 亿斤，为马铃薯适时销售提供了保障。以马铃薯种薯繁育、仓储、加工为一体的产业化发展体系正在形成。

2013 年底，察右中旗的贫困村 60 个，贫困人口年人均纯收入 1916 元。近年来，通过项目建设，贫困户生产生活水平明显提高，贫困人口收入明显提高，2015 年达到了 2319 元，比 2013 年增长 21%。

近年来，武川县一直进行扶贫开发，农民人均纯收入从 2001 年的 1717.86 元增加到 2012 年的 5950 元，增加了 246%。武川县以马铃薯种薯繁育和生态畜牧业为主进行"产业化扶贫"，扶持贫困村建种薯繁育基地 8000 亩，发展种草 20 多万亩，购置各类机具 500 多台，种植高效覆膜作物 20 多万亩，发展肉羊养殖 3.8 万多只。

2014 年，张家口市已有 19.35 万贫困人口稳定脱贫。2015 年，张家口市也采取了相应扶贫措施，提高贫困县农民人均纯收入水平，促进农村贫困人口稳定脱贫。2001~2009 年，康保县和涿鹿县的农村居民年人均纯收入分别从 1097 元和 2020 元提高到了 2792 元和 4106 元，涨幅分别为 155% 和 103%。涿鹿是传统的农业大县，是省级贫困县，也是省级扶贫开发重点县。2014 年，全县农民人均纯收入 5853 元，同比增长 12%。

康保县贫困人口 12.1 万人，扶贫开发重点村 180 个，其中省定贫困村 59 个，属燕山—太行山连片特困地区。2014 年，全县已有 7 万贫困人口实现稳定脱贫，贫困农民人均收入达到 4050 元。

2001~2012 年，全国平均农村居民年人均纯收入从 2366.4 元提高到 7619.6 元，年均增长率为 19.5%。尽管各样本县的农村居民年人均纯收入水平均取得了不同程度的提高，但是仍然低于同期全国平均水平。值得一提的是，同期，武川县的年均收入增长率为 20.5%，略高于全国平均水平。

3.1.2 抽样情况

本节首先根据马铃薯种植面积在乌兰察布市随机抽取了四子王旗和察右中旗作为调研县及呼和浩特市武川地区作为调研县；在河北省张家口市的坝上和坝下地区分别进行随机抽样，选择康保和涿鹿作为调研地区。

其次，在确定调研县之后，对乡镇的抽样较为简单。对乡镇的选取采取随机整组抽样的方法，每个县选取 2 个乡镇，5 个县共计 10 个乡镇。

对行政村的抽样同样采取随机整组抽样方法，在每个乡镇选取 5 个村进行调研，10 个乡镇共计 50 个村。

最后，在确定 5 个县中 10 个乡镇的 5 个行政村后，对所在行政村 2007~2012 年种植马铃薯的农户中随机抽取 10 个农户进行调查。

本调查共收集农户有效问卷 502 份。实际完成情况见表 3-1：

表3-1 样本村庄和样本农户情况

样本地区	样本区县	样本乡镇	样本农户数量
内蒙古	武川县	可可以利更镇	52
		上秃亥乡	47
	四子王旗	东八号乡	48
		大黑河乡	48
	察右中旗	铁砂盖乡	46
		巴音乡	51
河北省	康保	闫油坊乡	56
		张纪	55
	涿鹿	大堡	59
		辉耀	40
合计	5	10	502

数据来源：根据调研资料计算。

3.1.3 问卷设计

本研究采用结构化问卷，收集了2007年和2012年的数据信息。为顺利完成研究目标，同时兼顾调查的可行性，问卷主要内容如下：

问卷封面包括问卷编号、样本地区信息、受访者姓名、受访者联系方式、调查员姓名、审核员姓名、组长及调查日期等信息。

农户家庭特征部分包括家庭成员性别、年龄、受教育年限、户口类型、社会职务、马铃薯种植经验、主要职业、工作地点及非农收入等信息。

耕地部分包括农户的土地调整、农业经营的耕地块数、耕地面积、离家距离、土壤类型、灌溉程度、灌溉类型、种植作物、耕地产权等信息，也包含因租赁土地而产生的借款及赊账等信息。

农业生产投入部分包括农业投入品补贴、种薯品种、数量及来源，以及肥料（如有机肥、化肥）、农药、地膜、灌溉管等投入品的采购数量、单价及金额等信息；也包括农资采购的支付方式及运输情况。

马铃薯种植部分包括马铃薯不同地块上包括种薯切割、整地、播种、施肥、追肥、施农药、除草、收获8个生产环节的生产方式及生产投入信息。生产投入包括劳动力、农资、机械、畜力等信息。其中，农资投入包括种薯、化肥、农药等信息；机械包括马铃薯地块上的机械使用能源消耗类型、数量及成本等信息及使用生产服务（如外包或者机械租赁）的具体信息；还包括农户在马铃薯种植各环节中的资金来源，拥有的各种马铃薯种植机械及其资金来源等信息。

灌溉方式包括农户拥有的灌溉设备设施，包括灌溉井、水泵、喷灌圈、滴灌等及相应的资金来源信息，还包括马铃薯地块上的灌溉类型、灌溉水来源、能源消耗数量及成本、生产季节灌溉时长等信息。

农作物产出部分包括马铃薯地块上的产出数量，以及其他作物和畜牧业的产出及销售情况。

储藏部分包括储藏设施的类型、容量、能源消耗等信息及储藏量、损耗等信息。

马铃薯销售部分包括销售次数、交易时间、地点、交易数量、出售价格、包装类型、交易成本、扣秤损失、损耗数量、是否签订合同、货款支付方式及选择该买家原因、运输方式及能源消耗等信息。

资产部分包括农户住房、生产、交通及生活类的各种资产信息。

社会资本部分包括农户的社交网络等信息。

家庭收入与支出部分包括农业收入、工资收入、其他经营收入、资本收入、补贴和转移支付、其他各项收入与各种支出信息。其中，农业收入包括马铃薯种植收入、其他作物种植收入和畜牧业收入。而支出信息则包括食品支出、服装支出、医疗卫生、交通和通讯支出、子女教育、其他商品、服务支出和人情往来支出及生产性支出信息。

信贷部分包括现金借贷的信息，即是否借贷款、借贷款金额、借贷款期限、借贷款利率、借贷款渠道、借贷款条件及用途等信息。

风险管理部分包括农业风险、农业保险及马铃薯保险的相关信息。

3.1.4　调查实施

对农户的问卷调查，主要由内蒙古农业大学和内蒙古财经大学经济管理学院的硕士生协助完成。为了保证样本质量，调查时采用结构式问卷，由调查员与受访对象进行面对面访谈。在正式调查前，课题组对调查人员进行了全面、细致的培训，就研究背景、研究目的及研究内容、问卷设计结构、询问技巧、访谈顺序、数据记录以及注意事项进行了详细介绍。调研时，先由本村负责人向受访者介绍情况，然后调研人员向受访者表述调查的目的，同时，为消除受访者的戒备心理，以及他们对有些敏感问题的保留态度和保守估计，在进行实地调查时，尽量在调查员与受访者的访谈过程中回避了其他旁观者。为保证问卷质量，调研组根据调研实际将调查人员共分两个小组，每个小组设组长和副组长，副组长专人负责问卷检查，调研组对副组长进行了特殊培训，对检查要求及诸多注意事项进行了说明。在每天调研结束后，先是调查员自己检查，其次是小组内成员交叉校对、组长复核，由组内讨论得出问题，再由调研组召开全体调研人员会议，讨论并解答调研人员碰到的主要问题。每天的调研问卷在当天必须上交调研组，课题组另安排人员对问卷进行二次复查，发现问题及时向访问人员指正。以期通过这样的方式，在最大程度上保证调查数据的真实性和准确性。

此外，在正式调查开展之前，安排和组织调查员进行了适度的预调查，针对在预调查中出现的具体问题再进行详细解答。

3.2　样本数据描述

3.2.1　样本整体数据描述

调研样本中马铃薯种植农户的平均年龄为 55 岁，这说明从事农业生产，特别是马铃薯生产的主要还是中老年农户；在接受调查的农户中，99% 的户主性别为男性；农户的受教育程度多为小学水平（平均受教育 6.4 年），文化程度不高，但是却拥有丰富的马铃薯种植经验（27 年），因此，年龄老化及受教育程度低是样本地区马铃薯种植农户的主要特征。调研农户的平均家庭规模为 3.82 人，2012 年，家庭总收入平均为 42068.65 元，人均纯收入为 11268.35 元，高于全国农村居民人均纯收入 7917 元，其中，平均农业收入为 32075.21 元，占家庭总收入的 76%，这说明样本地区农户的收入来源以农业生产为主。在马铃薯种植方面，2012 年，样本地区农户平均经营耕地 49.27 亩，其中种植马铃薯 18.51 亩，占家庭经营耕地面积的 38%；当年样本地区农户平均收获马铃薯 17842.28 千克，每亩产量为 963.93 千克，低于全国平均单产 1117.90 千克/亩；马铃薯销售收入平均为 11745.6 元，占家庭总收入的 28%，这也说明马铃薯收入是样本地区农户的重要收入来源（见表 3 - 2）。

表3-2   2012 年样本农户基本特征

统计指标	平均值	标准差	最小值	最大值
户主年龄（岁）	55.01	8.87	30	81
户主性别（1=男，0=女）	0.99	0.10	0	1
户主受教育年限（年）	6.40	3.14	0	21
户主的马铃薯种植经验（年）	27.14	9.88	2	65
家庭人口规模（人）	3.82	1.43	1	10
家庭总收入（元）	42068.65	61600.04	-43.60	836246.5
农业收入（元）	32075.21	55396.29	-1243.6	832646.5
马铃薯收入（元）	11745.6	30371.21	-7054	570318
家庭经营耕地规模（亩）	49.27	96.73	1.8	2098
马铃薯种植面积（亩）	18.51	92.56	0	2043
马铃薯产量（千克）	17842.28	69662.15	0	1500000

数据来源：根据调研数据计算。

3.2.2 基于能源投入视角的数据描述

就马铃薯生产中的能源使用上看（见表 3-3），2007~2012 年，样本农户的机械化水平提高了，分环节来看，耕地机械化率从 71.10% 提高到了 86.47%，播种的机械化率从 43.23% 提高到了 57.83%，收获的机械化率从 12.17% 提高到了 47.91%。同时，机械化成本也从 17.85 元/亩提高到了 57.62 元/亩。

同时，样本农户中使用灌溉的农户比例从 33.86% 提高到 47.81%，平均灌溉面积从 15 亩增加至 18.96 亩，灌溉成本从 14.71 元/亩增加到了 24.79 元/亩。

此外，马铃薯生产中的另外一项直接能源支出——农产品及农资运输成本也从 2007 年的 3.61 元/亩提高到了 2012 年的 5.93 元/亩。

就间接能源来看，样本农户中施肥农户的比例从 88.45% 提高到 94.82%，施用量也从 54.58 千克/亩增加到 61.57 千克/亩，化肥成本随之从 83.65 元/亩增至 170.94 元/亩。此外，样本农户中农药施用的比例从 19.12% 提高到 28.09%，农药成本从 1.62 元/亩增加至 2.84 元/亩。

表 3 - 3　　　　2007 年和 2012 年样本农户在马铃薯生产中的能源投入

统计指标	单位	2007 年	2012 年
机械化水平			
耕地	（%）	71.10	86.47
播种	（%）	43.23	57.83
收获	（%）	12.17	47.91
机械化成本	（元/亩）	17.85	57.62
使用灌溉的农户比例	（%）	33.86	47.81
灌溉面积	（亩）	15.00	18.96
灌溉成本	（元/亩）	14.71	24.79
农产品及农资运输成本	（元/亩）	3.61	5.93
化肥施用农户比例	（%）	88.45	94.82
化肥施用量	（千克/亩）	54.58	61.57
化肥成本	（元/亩）	83.65	170.94
农药施用农户比例	（%）	19.12	28.09
农药成本	（元/亩）	1.62	2.84

数据来源：根据调研数据计算。

第4章

马铃薯生产中的能源投入
与能源强度分析

随着农业现代化的推进，能源成为我国农业生产中的重要投入品之一。尽管农业消耗的能源量在中国能源消耗总量的比重为2%~3%，但是能源及能源相关的农业投入品支出在农业生产总支出的占比却很高，如在2007年和2012年样本农户的马铃薯生产中，能源及能源相关的农业投入品成本占马铃薯生产总成本的50%以上。

能源成本在农业生产成本中的比重不容忽视，能源价格上涨会使得农户的生产成本大幅增加，能源在农业生产中的重要性不容小觑。本章将分别从宏观和微观层面阐明能源在农业生产中承担的重要角色。

4.1 我国农业生产中的能源强度

4.1.1 我国农业生产中的能源投入现状

农业生产中的能源可以分为直接能源和间接能源。我国农业生产中的直接能源构成主要是柴油和电力。1995~2012年期间，我国柴油及电力消费量都呈上涨趋势。其中，柴油消费量的上涨趋势较为平缓，由1995年的1088万吨增至2012年的2108万吨，净增1020万吨，涨幅达93.75%，年均增长幅度为10.8%；而电力消费量的上涨则较为显著，由1995年的1656亿千瓦时上涨到2012年的8105亿千瓦时，净增6449亿千瓦时，年均增长速度为20.2%。

农业生产中的间接能源消费主要是化肥和农药。化肥生产消耗的主要能源是天然气，而农药的生产除了消耗天然气，还需要消耗汽油。根据方松海和王为农（2009）及蓝海涛和姜长云（2009）的研究，我国化肥和农药的能源成本占总生产成本的60%以上。

作为能源密集型农业生产投入品的化肥，一直是农业生产间接能源消费的主要组成部分。1995~2012年，中国农用化肥施用总量稳步增加，从3594万吨上涨到5839万吨，净增2245万吨，年平均增长幅度为3.5%。同期，农药施用量呈现小幅稳定上涨趋势，由108.7万吨增加到180.6万吨，净增约72万吨，年均增长速度为3.7%（见图4-1）。

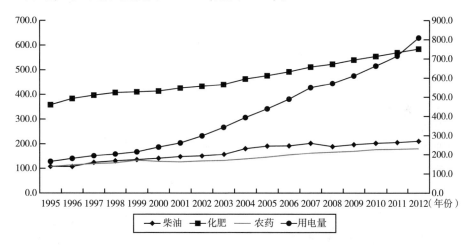

图4-1 1995~2012年我国农业能源消费量

注：农药和化肥均为折纯量。

数据来源：《中国统计年鉴》。单位分别为十万吨，十万吨，万吨和十亿千瓦时。

从化肥施用结构上看，氮肥施用量在化肥总量的比重有所下降，由1995年的56%下降到2013年的40%，但其仍然是农业化肥施用的主要类型。同期，磷肥的使用比例也略有下降，由18%下降到14%，而钾肥的使用比例由7%上涨至11%。涨幅较大的是复合肥，由1995年的19%上涨至2013年的35%（见图4-2）。

4.1.2 我国农业生产的能源强度

1995~2013年，我国农林牧渔业增加值呈稳定上涨趋势（见图4-3）。2013年农林牧渔业增加值为56957.0亿元，扣除价格因素的影响，实际比1995年增长了155.1%，年均增长幅度为8.16%。同期，我国农业能源消费量呈波动上涨趋势，1995~1996年期间，农业能源消费量急剧下降，从

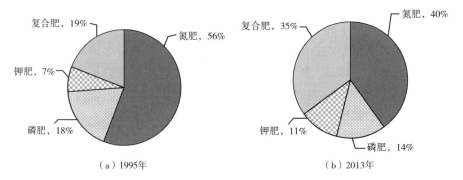

（a）1995年　　　　　　　　　（b）2013年

图 4 - 2　1995～2013 年化肥施用结构

数据来源：《中国统计年鉴》。

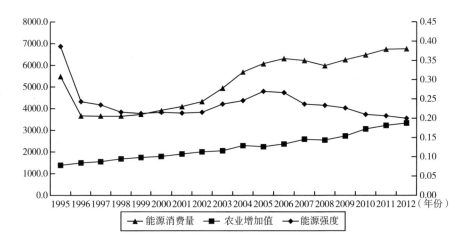

图 4 - 3　1995～2012 年我国农业能源强度

数据来源：农业能源消费量数据来源于《中国能源统计年鉴》，农业增加值数据来源于《中国统计年鉴》。单位分别是万吨标准煤，十亿元和吨标准煤/万元。

5505.2 万吨标准煤下降到 3688.8 万吨标准煤，降幅达到了 33%；1996～2006 年，农业能源消费量呈现出了逐年增加的趋势，其中，2002～2006 年农业能源消费量增长较为显著；2006～2008 年，农业能源消费量在小幅下降之后，2008 年以后又呈现逐年增长趋势。

我国农业生产能源①强度呈波动下降趋势，1995～2001 年农业生产能源强度下降；2001～2005 年小幅上升；2006～2012 年又呈下降趋势。1995～

① 由于数据的可得性，这里计算的是直接能源强度。

2012年，农业生产能源强度由0.39吨标准煤/万元（2005年不变价）下降到2012年的0.20吨标准煤/万元，下降幅度较为显著。从整体上看，1995～2012年期间，伴随着农业生产能源强度的下降，说明我国农业生产中的能源效率是在提高的。

4.2 能源消耗的测算方法

能源消耗可以分成两方面，即直接能源消耗和间接能源消耗，包括了直接和间接能源消耗的能源消耗即为完全能源消耗。直接能源消耗不考虑该行业通过中间投入品对其他行业的间接能源消耗。而完全能源消耗则是以投入产出理论为基础，将产业之间的相互关联考虑在内。实质上，完全能源消耗量反映了行业产品中"内涵"的能源量（张炎治，2009），因为它不仅包含该行业直接消耗的能源量，还包含通过中间投入品间接消耗的能源量。

从国家层面计算能源消耗，直接能源消耗和完全能源消耗的计算结果并没有区别。但是就行业的角度进行分析，两者的差别就比较明显，主要原因在于是否将间接能源消耗包含在内。因此，为了精确计算农业生产能源强度，不仅需要计算直接能源消耗量，还需要测算间接能源消耗量。

直接能源消耗量的计算相对比较简单、直接，即直接用直接能源消耗的实物数量乘以相应的能源折算标准煤系数，而对于间接能源消耗量的测算则要复杂一些。

4.2.1 直接能源消耗的测算方法

在计算不同能源类型的能源消耗量时，通常是将各种能源折算为一次能源的单位，即标准煤当量。其公式为：

直接能源消耗量 = 直接能源消耗的实物数量 × 折算标准煤系数

其中，折算标准煤系数如表4-1所示，1千克柴油折算为1.4571千克标准煤，1立方米天然气折算为1.33千克标准煤，1千瓦时电力折算为0.404千克标准煤，1千克原煤折算为0.7143千克标准煤。

表 4 - 1   能源折算标准煤系数

能源种类	折算标准煤系数
柴油	1.4571kgce/kg
天然气	1.3300kgce/m³
电力	0.4040kgce/kW·h
原煤	0.7143kgce/kg

数据来源：《能源统计知识手册》，2006 年 8 月。

具体地，本书列举在农业生产中的常用直接能源的测算方法，具体如下：

（1）柴油。

$$E_{1it} = Q_{1it} \times N_1 \qquad (4-1)$$

其中，i 是样本个体，t 是时间（2007 年和 2012 年），E_{1it} 是 i 样本 t 时间的柴油的能源消耗量。Q_{1it} 是 i 样本 t 时间的柴油实物消耗量，衡量单位为公斤，N_1 是柴油的能源转换系数。

（2）电力。

$$E_{2it} = Q_{2it} \times N_2 \qquad (4-2)$$

其中，i 是样本个体，t 是时间（2007 年和 2012 年），E_{2it} 是 i 样本 t 时间的电力的能源消耗量。Q_{2it} 是 i 样本 t 时间的电力的实物消耗量，单位为千瓦时，N_2 是电力的能源转换系数。

（3）天然气。

$$E_{3it} = Q_{3it} \times N_3 \qquad (4-3)$$

其中，i 是样本个体，t 是时间（2007 年和 2012 年），E_{3it} 是 i 样本 t 时间的天然气的能源消耗量。Q_{3it} 是 i 样本 t 时间的天然气的实物消耗量，单位为立方米，N_3 是天然气的能源转换系数。

（4）煤炭。

$$E_{4it} = Q_{4it} \times N_4 \qquad (4-4)$$

其中，i 是样本个体，t 是时间（2007 年和 2012 年），E_{4it} 是 i 样本 t 时间的煤炭的能源消耗量。Q_{4it} 是 i 样本 t 时间的煤炭的实物消耗量，单位为吨，N_4 是煤炭的能源转换系数。

4.2.2　间接能源消耗的测算方法

间接能源消耗的测算分为两步，首先，测算间接能源的能源成本，其次，结合能源价格测算间接能源投入的能源消耗量。

本章在计算农业生产中的间接能源的能源成本时，同时借鉴了过程分析法和能源等价系数法。其原因是，尼尔森和拉斯马森（Nielsen and Rasmussen，1977）指出，在物品生产过程的最后两步中的能源成本已经包含了其全部能源成本的90%以上。为了便于计算，参考里尔登等（Reardon et al.，2015）的方法，作者亦采用能源等价系数法估算间接能源消耗中的能源成本，参考方松海和王为农（2009）及蓝海涛和姜长云（2009）的研究，能源成本占中国化肥和农药生产成本的60%以上，因此，本章将间接能源化肥和农药的能源等价系数设定为0.6。结合过程分析法和能源等价系数法，间接能源投入化肥和农药中的能源成本即为农户的化肥和农药成本乘以0.6。

在计算间接能源的能源数量时，作者先借鉴袁鹏（2014）和陶小马等（2009）的方法，采用《中国物价年鉴2008》公布的2003年36个大中城市分能源品种的价格数据，以及燃料动力类价格指数推算出以标准煤计价的能源价格，再通过间接能源的能源成本除以能源价格的方法计算出以标准煤衡量的能源数量。本文的样本数据包含2007年和2012年两年的数据，因此，首先计算出2007年以标准煤为单位计价的能源价格，是由分能源品种的价格进行加权平均得到的，权重系数为分能源品种的能源转换为标准煤的系数；其次以2007年标准煤计价的能源价格为基础，利用燃料动力类价格指数序列推算2012年的能源价格。经计算，2007年和2012年的能源价格分别为3.11和4.42元/千克标准煤。

间接能源的能源消耗量计算过程，用公式表示如下：

（1）化肥。

$$E_{5it} = C_{1it} \times \beta / p_t \qquad (4-5)$$

其中，i是农户，t是时间（2007年和2012年），E_{5it}是i农户t时间的化肥的能源消耗量。C_{1it}是i农户t时间的化肥成本，β是化肥成本中的能源成本系数，值取0.6。p_t是t时间的能源价格，单位为元/千克标准煤。

（2）农药。

$$E_{6it} = C_{2it} \times \beta / p_t \qquad (4-6)$$

其中，i是农户，t是时间（2007年和2012年），E_{6it}是i农户t时间的农药的能源消耗量。C_{2it}是i农户t时间的农药成本，β是农药成本中的能源成本系数，值取0.6。p_t是t时间的能源价格，单位为元/千克标准煤。

加总上述直接和间接能源消耗量，可以得到能源消耗总量为：

$$E_{it} = E_{1it} + E_{2it} + E_{3it} + E_{4it} + E_{5it} + E_{6it} \tag{4-7}$$

4.3 马铃薯生产的成本构成与能源强度

4.3.1 马铃薯生产的基本情况

从表 4-2 可以看出，2007~2012 年，样本农户的土地经营规模从 40.72 亩增加至 49.27 亩，增加了近 25%，其中，自有耕地从 29.47 亩增加到 32.27 亩，流转土地从 13.25 亩增加至 17 亩；同期，马铃薯种植规模也扩大了，从 15.43 亩扩大到 18.5 亩，增加了 3 亩。马铃薯单产水平也有所提高，从 820 千克/亩提高到了 998.85 千克/亩，提高了 22%。就马铃薯生产技术上看，使用优质种薯的农户比例从 46% 提高到 72%，马铃薯灌溉面积也从 15 亩增加至 19 亩，同时，马铃薯生产中耕种收的机械化水平也有不同程度的提高，如耕地机械化率从 71% 提高到了 86%，播种的机械化率从 43% 提高到 58%，收获的机械化率从 12% 提高到 48%。

表 4-2 　　　　　　2007 年和 2012 年样本农户马铃薯生产情况

项目	单位	2007 年	2012 年
土地经营规模	亩	40.72	49.27
其中：自有土地	亩	29.47	32.27
流转土地	亩	13.25	17.00
马铃薯种植规模	亩	15.43	18.50
马铃薯单位产出	千克/亩	820.03	998.85
马铃薯灌溉面积	亩	15.00	18.96
马铃薯机械化水平			
其中：耕地	%	71.10	86.47
播种	%	43.23	57.83
收获	%	12.17	47.91
优质种薯使用比例	%	46.02	71.91

数据来源：根据调研数据计算。

4.3.2　马铃薯生产的成本构成

从表 4 - 3 可以看出，2007～2012 年，农户的生产成本大幅上涨，由 275.45 元/吨上涨到 352.03 元/吨，涨幅高达 27.8%。

表 4 - 3　　2007 年和 2012 年农户马铃薯生产成本构成（2005 年不变价）

项目	2007 年		2012 年	
	金额（元/吨）	比重（%）	金额（元/吨）	比重（%）
土地租金	6.67	2.42	8.52	2.42
雇用劳动力支出	37.80	13.72	27.98	7.95
购买种薯支出	68.19	24.76	100.12	28.44
机械化支出	21.49	7.80	39.45	11.21
自有机械燃油支出	8.33	3.03	7.57	2.15
机械租金	10.81	3.93	27.51	7.82
机械化服务外包费用	2.34	0.85	4.37	1.24
灌溉支出	15.12	5.49	14.88	4.23
畜力租金	0.19	0.07	0.97	0.28
化肥	112.29	40.76	133.81	38.01
农药	1.58	0.57	2.18	0.62
地膜	3.11	1.13	6.38	1.81
灌溉管	2.85	1.03	10.59	3.01
运输费用	5.61	2.04	5.48	1.56
其他支出	0.55	0.20	1.67	0.47
合计	275.45	100	352.03	100

数据来源：根据调研数据计算。

就样本农户的生产成本构成看，支出占比最高的前五项依次是化肥、种薯、雇用劳动力、机械化及灌溉支出。这与郭欣旺（2012）中对甘肃定西马铃薯农户的成本分析结论一致，化肥和种薯投入同样是定西马铃薯农户最大的两项农资投入。其中，化肥支出在农户总生产成本的比例高达 40% 左右，说明相比其他生产投入而言，样本农户更舍得在化肥上进行投入；对农户来说，化肥在马铃薯生产中具有重要作用，因此才会更多地投入化肥。种薯支出也是农户生产成本的另外一项重要内容，随着政府对优质脱毒种薯的推广，农户不再采用自留种薯或者交换种薯，更多的农户愿意采用优质种薯。在马铃薯种植过程中，农民在劳动力雇工上的支出并不多，更为普遍的情况是农户之间相互帮忙，不需要支付工资。但是随着种植规模的增加，农户对雇用劳动力的需求会增加，同时劳动力价格上涨造成雇用劳动力成本提高。机械化支出在农户生产成本中占 10% 左右，这是由于近几年来马铃薯生产机械化水平的提高，使得机械化支出显著增加。

就各项农资投入在生产成本中的比例看，2007~2012 年，化肥、劳动力雇工、灌溉支出的比重有所下降，化肥支出占农户现金支出的比重从 40.76% 下降到 38.01%，雇用劳动力支出的比重从 13.72% 下降到 7.95%，灌溉支出的比重由 5.49% 下降到 4.23%。种薯支出和机械化支出的比重略有上涨，种薯支出占农户现金支出的比重由 24.76% 上涨到 28.44%，机械化支出的比重由 7.8% 上涨到 11.21%。

4.3.3 马铃薯生产的能源成本构成

在马铃薯生产环节中，样本农户通过三种方式实现机械化：第一，使用自有机械进行耕作；第二，租用其他农户的机械进行操作；第三，将耕作内容外包给有机械的服务人员。农户使用自有机械进行耕作，其消耗的柴油数据可以在调研中获得，而租用机械或者外包的农户其在耕作过程中的柴油消耗数据无法直接获得，作者使用自有机械农户的平均每亩地的柴油使用量来估算租用机械或者外包的农户的柴油使用数量。从表 4 - 4 看到，2007 年和 2012 年，机械操作消耗的柴油总成本占能源成本的比重分别为 12.02% 和 13.51%，同时，机械操作消耗的能源成本由 11.75 元/吨上涨到 15.43 元/吨，涨幅达 31%。

表 4 - 4 　　　　2007 年和 2012 年农户能源成本构成（2005 年不变价）

项目	2007 年		2012 年	
	金额（元/吨）	占能源成本的比重（%）	金额（元/吨）	占能源成本的比重（%）
直接能源成本	29.45	30.12	32.58	28.53
机械操作	11.75	12.02	15.43	13.51
自有机械柴油成本	8.33	8.52	7.57	6.63
估算租用机械及外包农户的能源成本	3.41	4.50	7.86	6.88

续表

项目	2007 年		2012 年	
	金额（元/吨）	占能源成本的比重（%）	金额（元/吨）	占能源成本的比重（%）
灌溉设备	12.37	12.65	12.07	10.57
电力支出	9.76	9.98	9.32	8.16
柴油支出	0.73	0.75	0.78	0.69
估算灌溉服务中的能源成本	1.88	1.92	1.96	1.72
运输	5.33	5.45	5.09	4.46
自有车辆运输燃油支出	5.07	5.19	4.69	4.11
估算租赁车辆中的能源成本	0.27	0.28	0.39	0.35
间接能源成本	68.32	69.88	81.60	71.47
化肥	67.37	68.91	80.29	70.32
农药	0.95	0.97	1.31	1.15
合计	97.77	100	114.18	100

数据来源：根据调研数据计算。

灌溉费用通常包括两部分：一是灌溉消耗的电费或者柴油费，二是灌溉所用的水费。样本农户中有些农户自己并不拥有灌溉井，只好从临近的拥有灌溉井的农户处购买灌溉水进行灌溉，通常按灌溉时间支付费用。对于此类农户，作者估计其灌溉费用的一半为能源费用。经过计算，2007~2012 年，生产一吨马铃薯的灌溉能源成本均约12 元，但其占总能源成本的比重略有下降，由 12.65% 下降到 10.57%。

在采购农业生产投入品的运输，或者销售农产品的运输时，样本农户通常有两种途径：第一，使用自有车辆进行运输；第二，租用车辆进行运输，仅需支付租车费用，不支付燃油费用。在农户租用车辆运输时，作者估计其租金中的一半为能源费用。经计算，2007 年和 2012 年运输消耗的能源占总能源成本的 5.45% 和 4.46%。

农业生产中的间接能源成本，包括化肥和农药的能源成本计算采用前文所述的过程分析法和能源等价系数法进行，按照 0.6 的能源等价系数折算化肥和农药中的能源成本。因此，2007 年和 2012 年化肥和农药中的能源成本分别为 68.32 元/吨和 81.60 元/吨，在能源成本的比例分别为 69.88% 和 71.47%。

综上，2007~2012 年农业生产中的总能源成本分别为 97.77 元/吨和 114.18 元/吨，其在生产成本的比重分别为 35.5% 和 32.43%，也就是说，马铃薯生产中大约 1/3 的成本是能源支出,那么能源价格的波动对农业生产的影响是很显著的,能源价格上涨将带动农业生产成本的快速增加。在能源成本构成中,间接能源占能源成本的 70%,其中最高的是化肥,其次是机械,接着是灌溉。

4.3.4 马铃薯生产的能源强度

从表 4 - 5 可以看出,2007 年和 2012 年样本农户在使用自有机械进行耕作时,单位马铃薯生产消耗的柴油为 1.53 升和 1.44 升,机械租赁/外包消耗的柴油为 0.73 升和 1.74 升。总的来说,样本农户在马铃薯生产的机械化上消耗的柴油量增加,在不考虑其他因素如浪费等情况下,一方面,可能是采用机械化生产的农户数量增加,另一方面,也可能是农户不同生产环节中的机械化程度提高,如 2007 ~ 2012 年,样本农户在收获环节的机械化率大幅提高。

表 4 - 5　2007 年和 2012 年样本农户的单位马铃薯生产的直接能源消耗量

项目	2007 年		2012 年	
	实物消耗量	折算标准煤量	实物消耗量	折算标准煤量
机械操作				
自有机械的柴油消耗量(升)	1.53	1.8058	1.44	1.6996
估算租赁机械/外包中的柴油消耗量(升)	0.73	0.8616	1.74	2.0536
灌溉设备				
电力消耗量(千瓦时)	24.46	9.8818	52.97	21.3999
柴油消耗量(升)	0.13	0.1534	0.13	0.1534
估算灌溉服务支出中的电力消耗量(千瓦时)	4.4	1.7776	12.02	4.8561
运输				
自有车辆柴油消耗量(升)	1.03	1.2157	0.9	1.0622
估算租赁车辆中的柴油消耗量(升)	0.06	0.0708	0.09	0.1062

数据来源:根据调研数据计算。

2007 年和 2012 年样本农户单位马铃薯生产中使用自有灌溉设备灌溉消耗的电力数量分别为 24.46 千瓦时和 52.97 千瓦时,柴油数量分别为 0.13 升和 0.13 升;针对采用灌溉外包服务的农户,估算在灌溉外包支出中的电力消耗量分别为 4.4 千瓦时和 12.02 千瓦时。可以看到，样本农户在灌溉中消耗的电力数量增长显著，其原因可能是，样本地区对农业排灌用电进行电价补贴，使得更多的样本农户在马铃薯生产中进行灌溉，如样本地区乌兰察布市（察右中旗和四子王旗）从 2012 年 5 月 1 日起对农业排灌电价进行降价，由原平均每度 0.481 元降为每度 0.237 元，价格降幅超过了 50%；此外，张家口市对贫困县（康保县）的农业生产用电也实行了补贴，补贴后每度电价为 0.2702 元，低于其他县电价 0.4552 元。

运输中的能源消耗量相对较小。2007 年和 2012 年在运输农产品和农业投入品中的柴油消耗量分别为 1.09 升和 0.99 升。其中自有机械的柴油消耗量略有下降，而采用运输服务的柴油消耗量略有增加。

从表 4-6 可以看出，2007~2012 年，样本农户单位马铃薯生产的能源消耗量分别为 39.7783 千克标准煤和 59.9274 千克标准煤，增加了 20 千克标准煤，涨幅为 56.45%。其中，直接能源消耗从 15.7667 上涨到 31.3310 千克标准煤，增加了 15 千克标准煤，间接能源消耗从 24.0116 千克标准煤上涨到 28.5964 千克标准煤，约增加了 5 千克标准煤。同期，每吨马铃薯的收入从 0.0597 万元上涨到 0.0720 万元，涨幅达 20.6%。

表 4-6　　2007 年和 2012 年马铃薯生产的能源强度（2005 年不变价）

项目	2007 年	2012 年
能源消耗（千克标准煤）	39.7783	59.9274
直接能源消耗（千克标准煤）	15.7667	31.3310
间接能源消耗（千克标准煤）	24.0116	28.5964
马铃薯纯收入（万元）	0.0597	0.0720
能源强度（吨标准煤/万元）	0.6658	0.8325
直接能源强度（吨标准煤/万元）	0.2639	0.4353
间接能源强度（吨标准煤/万元）	0.4019	0.3973

数据来源：根据调研数据计算。

2007 年和 2012 年样本农户马铃薯生产的能源强度分别为 0.67 吨标准煤/万元和 0.83 吨标准煤/万元，其中，直接能源强度从 0.26 吨标准煤/万元上升到 0.44 吨标准煤/万元，上升幅度达 50% 以上；而间接能源强度则相对稳定，为 0.40 吨标准煤/万元。

一方面，2007~2012 年，马铃薯生产的能源强度提高，说明样本农户在马铃薯生产中的能源效率是在下降的。2012 年，我国宏观层面的农业的直接能源强度仅为 0. 20 吨标准煤/万元，由此看来，马铃薯生产的直接能源强度远远高于全国平均水平，同样说明马铃薯生产的能源效率还有巨大的改善空间；具体地，直接能源强度不降反升，说明马铃薯生产中的机械化及灌溉中的能源效率下降，在机械化及灌溉水平提高的基础上，应更加关注能源效率；尽管间接能源强度没有提高，但是一直处于较高水平，因此，也应密切关注间接能源化肥和农药的使用效率。

另一方面，2007 ~ 2012 年，样本农户在马铃薯生产中的总能源强度为 0. 67 ~ 0. 83 吨标准煤/万元，而 2012 年我国整体的能源强度在 1. 1 吨标准煤/万元左右，这说明，我国农业生产的能源强度并不低，农业产业并非是低能耗的产业。因此，应对农业生产能源使用及能源强度给予足够的重视。

4.4　本章小结

本章从宏观层面分析了我国农业生产性能源消费及能源强度情况，并从微观层面对马铃薯生产的能源成本及能源强度进行了测算，研究发现：

（1）宏观上看，不管是直接能源消耗还是间接能源，我国的农业生产性能源消费量一直在增加，且在 1995 ~ 2012 年期间，农业生产能源强度由 0. 39 吨标准煤/万元（2005 年不变价）下降到 2012 年的 0. 20 吨标准煤/万元，下降幅度较为显著。这表明，整体上我国农业生产中的能源效率有所提高。

（2）就马铃薯生产成本分析，2007 和 2012 年，剔除价格影响因素，样本农户的生产成本由 275. 45 元/吨上涨到 352. 03 元/吨，涨幅高达 27. 8%。这说明样本农户在马铃薯生产中的投入增加了。同时，马铃薯生产中的能源相关投入包括机械化、灌溉、运输及农药化肥等支出占生产成本的 50% 以上，仅测算其中的能源成本，其在占农户马铃薯生产成本的比例也在 1/3 以上。由此可以推断，能源价格波动会显著影响农业生产成本，进而影响到农户的收益。

（3）就马铃薯生产的能源成本构成来看，间接能源支出占比在 70% 左右，直接能源支出占比只有 30%。具体地，化肥、机械化能源支出以及灌溉能源支出是马铃薯生产中最重要的三项支出。

（4）就马铃薯生产的能源强度来看，2007 和 2012 年，马铃薯生产的能源强度分别为 0. 67 吨标准煤/万元和 0. 83 吨标准煤/万元，能源强度有所提高。一方面，说明样本地区的马铃薯生产方式发生了一定的转变，向资本密集型进行转变；另一方面，也说明能源效率有所下降。具体来看，直接能源强度由 0.26 吨标准煤/万元提高到 0.44 吨标准煤/万元，高于全国农业生产性能源强度的平均水平，这说明样本农户在马铃薯生产中的直接能源强度存在进一步降低的空间，今后可以通过提高机械、灌溉及运输的能源效率来降低农业生产的直接能源强度；而间接能源强度则保持 0.40 吨标准煤/万元不变，但是一直处于较高水平，说明样本农户的间接能源使用效率较低。

　　马铃薯生产中的能源投入较高，哪些因素影响农业生产中的能源要素需求？能源投入对农业生产具有怎样的影响？能源强度的提高是否限制了农民收入的增加？本书接下来将针对上述问题展开进一步的研究。

第 5 章

马铃薯生产中的能源要素需求 及其影响因素分析

随着农业现代化的发展，2000 年以来，我国农业机械总动力年均约 7% 的速度增长，同时，农业生产中各种石油制品和电力的消耗量也均分别以年均 7% 的速度增长，特别是农业柴油的消耗量，年均增长速度则高达 8%。因此，农业能源的消耗量必将随着农业机械化的继续推进而增长（吕小明等，2012）。此外，我国农业化肥施用总量和农药施用量也是稳步增加，年平均增长幅度均为 3.4%。

5.1 模型建立

要素需求函数的形式取决于生产函数的形式，本章通过超对数成本函数对要素需求进行分析。

超对数成本函数形式灵活，不需对规模经济及要素间替代性进行限制。超对数函数也是估计要素需求函数的最流行、最实用的函数。具体形式如下：

$$\ln C = \alpha_0 + \alpha_q \ln q + \sum_i \alpha_i \ln p_i + \alpha_z \ln Z + \alpha_H \ln H + \frac{1}{2} \beta_{qq} (\ln q)^2$$

$$+ \frac{1}{2} \sum_i \sum_j \beta_{ij} \ln p_i \ln p_j + \frac{1}{2} \beta_{ZZ} (\ln Z)^2 + \frac{1}{2} \beta_{HH} (\ln H)^2$$

$$+ \sum_i \beta_{iq} \ln p_i \ln q + \sum_i \beta_{iz} \ln p_i \ln Z + \sum_i \beta_{iH} \ln p_i \ln H \qquad (5-1)$$

其中，i、j 是可变投入要素，p_i 是可变投入要素 X_i 的价格，q 是马铃薯产出，C 是可变投入要素的成本和。Z 表示固定资产投入，H 表示家庭特征变量。

由于假设超对数成本函数对所有要素价格具有一次齐次性，因此对参数具有以下限制：

$$\beta_{ij} = \beta_{ji}, \sum \alpha_i = 1, \sum_i \beta_{ij} = 0, \sum_i \beta_{iq} = 0, \sum_i \beta_{iZ} = 0, \sum_i \beta_{iH} = 0$$

克里斯滕森等（Christensen et al.，1973）通过超对数成本函数推导出了要素成本比例公式。

根据谢帕德引理（Shephard Lemma），在完全竞争条件下，在产出和生产要素价格确定的情况下，满足成本最小化的某一要素的需求量等于成本函数关于该要素价格的偏导数，即要素需求量 $X_i = \dfrac{\partial C}{\partial p_i}$。

因此，超对数成本函数式（5-1）对要素价格求偏导数

$$\frac{\partial \ln C}{\partial \ln p_i} = \frac{\partial C}{\partial p_i} \frac{p_i}{C} = X_i \frac{p_i}{C} = S_i$$

$$S_i = \alpha_i + \sum_j \beta_{ij} \ln p_j + \beta_{iq} \ln q + \beta_{iZ} \ln Z + \beta_{iH} \ln H \qquad (5-2)$$

对于生产者来说，要素价格是给定的，求成本最小化条件下的要素需求量就变成了求要素份额函数，即要素成本在总成本中所占的比例 S_i，且有 $\sum S_i = 1$。

希克斯（Hicks，1932）提出了替代弹性，主要用以描述两种要素之间的投入比率随要素价格比变动而变动的程度。艾伦（Allen）在1938年基于生产函数提出了偏替代弹性（Allen partial elasticity of substitution，AES）概念，刻画的是在产出既定的条件下，第 j 种要素价格变化对第 i 种要素需求数量的影响。乌萨瓦（Uzawa，1962）运用对偶理论基于成本函数提出了 Allen-Uzawa 偏替代弹性。公式如下：

$$\sigma_{ij} = (\partial^2 C / \partial p_i \partial p_j) / (\partial C / \partial p_i) \times (\partial C / \partial p_j) \qquad (5-3)$$

$\sigma_{ij} > 0$，表明生产要素间是替代关系，即一种生产要素价格上涨，那么生产成本增加，生产者会减少该要素投入量，如果此时另外一种要素的投入需求量增加，说明在生产中，这两种要素是替代的，反之，这两种要素就是互补的。

在超对数成本函数中，AES 可以用要素份额和成本函数系数表示如下：

$$\sigma_{ij} = (\beta_{ij} + S_i S_j) / S_i S_j, \quad i \neq j, i = j = \text{可变要素投入} \qquad (5-4)$$

$$\sigma_{ii} = (\beta_{ij} + S_i^2 - S_i) / S_i^2, \qquad i = j \qquad (5-5)$$

根据布莱克奥瑞和拉塞尔（Blackorby and Russell，1989），AES 存在着无法回避的缺陷，无法表示要素间的相对比例和等产量曲线的形状，也无法通

过边际替代率来解释,因此无法充分解释要素间的替代率。而要素交叉价格弹性[1]则可以刻画一种要素投入对另外一种要素价格变化而作出反应的绝对替代率。当交叉价格大于零时,表示某要素价格上涨将另一生产要素投入量增加,说明这两种生产要素之间为替代的关系;当交叉价格弹性小于零时,说明某要素价格上涨导致另一要素投入量减少,这两种要素间表现为互补关系。生产要素的自价格弹性,用于分析单要素—单价格的弹性替代,指的是某要素需求量的变动受自身价格变动的影响程度。一般情况下,生产要素的自价格弹性为负值,即要素价格升高,需求量减少。如果自价格弹性出现正值,说明市场可能出现了价格扭曲现象,也可能是限于技术约束、要素呈现相对稀缺情况导致的。

同时,交叉价格弹性及自价格弹性与 Allen-Uzawa 偏替代弹性紧密联系,根据 Allen 偏替代弹性可以推出要素需求的交叉价格弹性系数和自价格弹性系数为:

$$\varepsilon_{ij} = S_j\sigma_{ij}, \quad i \neq j \tag{5-6}$$

$$\varepsilon_{ii} = S_i\sigma_{ii}, \quad i = j \tag{5-7}$$

此外,值得注意的是,尽管 $\sigma_{ij} = \sigma_{ji}$,一般情况下,$\varepsilon_{ij} \neq \varepsilon_{ji}$。

本章将选择要素自价格弹性与交叉价格替代弹性为主对农业生产中的要素间替代性进行分析,这是因为需求自价格弹性和交叉价格弹性是其他要素替代弹性的基础(赫永达,2015)。

5.2 变量选择与定义

在投入要素的选择上,基于研究目的的考虑,本文以马铃薯生产相关的能源消耗量作为投入要素之一,以考察能源价格变动对直接、间接能源投入,进而对农业生产的影响。上述的直接能源投入包括马铃薯生产种植过程中整地、播种、施肥追肥、施农药、灌溉和收获六个环节以及农资采购及农产品销售运输等过程中的直接的柴油、汽油、天然气及电网电等消耗量。在直接能源的消耗上,以柴油和电力消费为主,其中,机械化的能源消耗以柴油为

---

① 伯恩特和伍德(Berndt and Wood,1979)认为交叉价格弹性总体上比 AES 优越,一方面可以区分要素间相互替代的差异,另一方面也不受规模报酬的影响,因此相对于要素份额变化更为稳定,更适于不同个体间替代弹性的比较。

主，灌溉的能源消耗以电力为主。2007 年和 2012 年，农户中有 28% 和 55% 的样本农户的生产机械化是通过租赁机械或者使用农业机械化服务（外包）实现的，因此，在计算该部分农户的能源消耗时，按照使用自有机械耕作的农户的亩均能源消耗量进行估计。同时，10% 左右的样本农户在通过向其他农户购买灌溉水来实现灌溉，在对该部分农户的灌溉能源消耗进行测算时，按照支出的 50% 计算能源成本（Reardon et al.，2014）。

化肥是农业生产中的重要的能源密集型投入，生产成本中的 60% 以上是能源，化肥使用量的多寡会直接影响马铃薯的产出，因此，化肥不仅是马铃薯生产投入中的一项主要投入要素，同时，也可以通过估算化肥投入对能源价格的弹性以及生产成本对化肥投入的反应，进而考察间接能源消耗对生产成本影响。

本章选取劳动力投工作为另外一项马铃薯生产投入，这里的劳动力投工是指雇用劳动力。之所以选取劳动力变量，一方面，是因为能源与劳动力联系紧密，且一般情况下被认为是相互替代的（Shankar et al.，2003；温铁军等，2010；周密等，2013；胡浩等，2015）；另一方面，劳动力雇工作为家庭劳动力的重要补充，雇工支出是农业生产可变成本中的重要支出，在样本数据中，劳动力雇工支出约占生产成本的 10% 左右。劳动力雇工的投工数由农户在马铃薯生产环节中所有雇工数量加总得到。劳动力价格，可以通过其机会成本，即农业就业的劳动力工资来衡量（Ball，1988）。在发生雇用劳动力的农户中，劳动力价格按实际支付价格计算，在未发生雇用劳动力的农户中，劳动力价格则利用村级问卷中的农业劳动力日工资来反映农业劳动力的价格。

自变量除了投入要素的价格外，在向量 Z 的选择上，由于农业生产者对能源的需求，往往还需要结合其他固定要素的投入（如农业机械、灌溉设备的使用），因此，在分析农业生产者对能源的需求时，还需要将机械、灌溉设备等固定投入纳入考虑范围。本文选取农户是否拥有农业机械设备和灌溉设备以及马铃薯种植面积代理外生因素。在对劳动力价格进行处理的过程中，部分数据来源于村级问卷，出于内生性考虑，未运用村级虚拟变量来控制外生因素的影响，而是利用区域虚拟变量代替。本章中的区域虚拟变量假设 0 为内蒙古，1 为河北。

向量 H 主要包括户主年龄和受教育程度，用以分析家庭特征对能源使用的影响。

上述变量的描述性统计分析详见表 5-1。

表 5 – 1　　　　　　　　　　变量定义及统计特征

变量	变量定义	(a) 2007	(b) 2012	T检验 (a) – (b)
户主年龄	岁	50.01 (8.87)	55.01 (8.87)	– 8.93 ***
户主受教育年限	年	6.40 (3.14)	6.40 (3.14)	0.00
马铃薯种植面积	亩	15.43 (29.54)	18.51 (92.56)	– 0.71
马铃薯总产量	千克	11375.93 (644.12)	14883.88 (958.38)	– 3.03 **
雇用劳动力投入	人·天	8.01 (1.30)	8.51 (1.35)	– 0.26
化肥投入	千克	649.08 (39.53)	863.98 (56.04)	– 3.13 **
电力投入	千瓦时	362.39 (57.40)	1292.26 (170.2)	– 5.17 ***
柴油投入	升	29.58 (2.05)	60.14 (4.90)	– 5.74 ***
劳动力价格	元/人·天	96.27 (0.55)	141.36 (0.75)	– 48.44 ***
化肥价格	元/公斤	1.97 (0.03)	2.70 (0.02)	– 20.56 ***
电力价格	元/千瓦时	0.43 (0.00)	0.35 (0.01)	15.95 ***
柴油价格	元/升	5.46 (0.04)	7.50 (0.06)	– 27.25 ***
是否拥有灌溉设备	1 = 是，0 = 否	0.41 (0.02)	0.57 (0.02)	– 5.11 ***
是否拥有机械设备	1 = 是，0 = 否	0.47 (0.02)	0.59 (0.02)	– 3.88 ***
地区虚拟变量	0 = 内蒙古， 1 = 河北	0.42 (0.02)	0.42 (0.02)	0.000

注：(a) 和 (b) 列是 2007 年和 2012 年的均值，括号中是标准差，T检验中的 ***、** 和 * 分别表示在 1%、5% 和 10% 的统计水平下显著。

数据来源：根据调研数据计算。

2012 年，样本农户的户主平均年龄是 55 岁，拥有 6 年的文化水平。2007 ~ 2012 年，样本农户的马铃薯种植面积从 15.43 亩增加到 18.51 亩，马铃薯总产量显著提高，从 11376 千克提高到了 14884 千克，也就是说，马铃薯单位产量从 820.04 千克/亩提高到了 998.85 千克/亩。

就生产要素价格来看，2007 ~ 2012 年，除电力价格有所下降，从 0.43 元/千瓦时下降到 0.35 元/千瓦时以外，其他投入要素的价格均显著提高。如劳动力价格也从 96 元/人·天增加到 141 元/人·天，柴油价格从 5.46 元/升上涨至 7.50 元/升，化肥价格从 1.97 元/公斤提高到 2.70 元/公斤。其中，电力价格下滑的原因是样本地区（乌兰察布市）对农业生产排灌用电自 2012 年起实行了补贴政策。

就生产要素投入量分析，尽管投入要素的价格上涨，但是样本农户在马铃薯生产中的要素投入量均有所增加。其中，化肥投入量从 649 千克提高到 864 千克，提高了 33%；电力投入从 362 千瓦时增加到 1292 千瓦时，涨幅高达 256%；柴油投入也从 30 升增至 60 升，翻了一番。雇用劳动力投入量从 8 人·天小幅增加至 8.5 人·天。

5.3 模型估计结果与讨论

5.3.1 模型估计结果与分析

由于要素份额方程的和为常数，因此在对方程系数进行估计时可以去掉一个方程。在估计过程中去掉了柴油份额方程[①]，仅对超对数生产函数方程（5-6）、劳动力份额方程、化肥份额方程及电力份额方程（5-7）进行回归。采用迭代似不相关估计（Iterated Seemingly Unrelated Regression，ISUR）方法进行估计。上述各个方程的调整可决系数在 0.12 ~ 0.79 之间，尽管模型拟合效果一般，但是估计系数的正负方向与经济理论相符。要素需求函数的估计结果（见表 5-2）如下所示[②]。

---

① 尽管在估计过程中，柴油份额方程被省略，但是仍可以从超对数成本函数估计系数中得到。
② 基于本章的研究目的，此处并没有展示超对数成本函数的估计结果。

表 5 - 2 要素需求方程估计结果

	化肥需求	电力需求	柴油需求①	雇用劳动力需求
ln（化肥价格）	- 0.177 *** (0.026)	0.020 * (0.012)	0.113 *** (0.019)	0.045 *** (0.015)
ln（电力价格）	0.020 * (0.012)	- 0.006 (0.010)	- 0.046 *** (0.012)	0.032 *** (0.010)
ln（柴油价格）	0.113 *** (0.019)	- 0.046 *** (0.012)	- 0.008 (0.019)	- 0.059 *** (0.017)
ln（劳动力价格）	0.045 *** (0.015)	0.032 *** (0.010)	- 0.059 *** (0.017)	- 0.018 (0.021)
ln（马铃薯产量）	0.008 (0.009)	0.010 ** (0.005)	- 0.012 (0.008)	- 0.006 (0.005)
ln（马铃薯种植面积）	0.029 ** (0.014)	- 0.024 *** (0.007)	- 0.045 *** (0.011)	0.040 *** (0.008)
是否有灌溉设备	- 0.013 (0.018)	0.071 *** (0.009)	- 0.027 * (0.015)	- 0.031 *** (0.010)
是否有机械设备	- 0.062 *** (0.018)	- 0.001 (0.009)	0.056 *** (0.015)	0.007 (0.010)
户主年龄	0.003 *** (0.001)	- 0.001 *** (0.000)	- 0.001 (0.001)	- 0.001 ** (0.001)
户主受教育年限	0.004 (0.003)	- 0.001 (0.001)	- 0.001 (0.002)	- 0.002 (0.002)
地区变量	0.147 *** (0.024)	- 0.078 *** (0.012)	- 0.046 ** (0.020)	- 0.022 (0.013)
常数	0.091 (0.109)	0.027 (0.061)	0.585 *** (0.098)	0.297 *** (0.090)
R^2	0.12	0.15		0.13

注：括号内标注为稳健的标准差。标准差显示为村级。***、** 和 * 分别表示在 1%、5% 和 10% 的统计水平下显著。

回归结果表明（见表 5 - 2），各要素需求随着自身价格的上涨而减少，这符合经济学理论，即要素价格提高，对该要素的需求减少。劳动力、电力及柴油的价格提高，均会显著增加化肥需求，这说明化肥是雇用劳动力、电

① 柴油需求方程由超对数成本函数方程系数得到。

力及柴油的替代品。劳动力和化肥价格提高，电力需求将会显著增加，而柴油价格提高，电力的需求则会显著减少。柴油需求随着劳动力和电力价格的提高而减少，但是会随着化肥价格的提高而增加。

此外，马铃薯产量提高会显著增加对电力的需求，这也充分说明，在我国北方干旱地区，灌溉对农业产量具有重要作用；马铃薯种植面积增加，雇用劳动力和化肥的需求显著增加，但是电力和柴油的需求则会减少，说明电力和柴油的需求存在规模经济；拥有灌溉设备的农户对雇用劳动力和柴油的需求减少，而对电力的需求增加，可能的解释是，农户在对灌溉设备进行投资后，电力作为灌溉设备的互补品，对电力的需求必然增加，而对雇用劳动力和柴油则会减少支出；拥有机械设备的农户对柴油的需求增加，但是会减少对化肥的需求。

在雇用劳动力需求的影响因素中，化肥和电力价格上涨均显著增加对雇用劳动力的需求，而柴油价格提高，雇用劳动力需求则会显著减少。可能的解释是，化肥和电力价格上涨，农户对化肥和电力的需求减少，为维持一定的农业产出，则会增加劳动力投入，在家庭劳动力不能满足农业生产需要时，将会增加对雇用劳动力的需求。

户主年龄对不同要素的需求存在差异，户主年龄越大，对雇用劳动力和电力的需求越少，但是对化肥的需求增加。可能的解释是，户主年龄越大，外出务工的机会越少，越容易在家从事农业生产，因此，对雇用劳动力的需求就越少；同时，户主年龄越大，就越不倾向进行投资，如灌溉设备，因此对电力的需求也会减少。而户主年龄越大，越倾向于使用化肥作为保障农业产出的投入。

同时，能源需求在地区间存在显著差异，如河北地区对化肥需求显著增加，而对电力和柴油的需求显著减少。这与地区的政策密切相关，马铃薯产业作为内蒙古乌兰察布和武川县的重要农业产业，近年来大力大型喷灌圈、微型喷灌及滴灌技术，同时，内蒙古地区人均耕地面积大，适合发展规模化种植，也为马铃薯种植机械化提供了重要的物质基础。

5.3.2 弹性估计及讨论

基于超越对数成本函数的估计系数，可以估计 Allen 偏替代弹性和要素需求价格弹性，结果如表 5-3 和表 5-4 所示。

表 5 - 3   Allen 偏替代弹性估计结果

	化肥需求	电力需求	柴油需求	雇用劳动力需求
ln（化肥价格）	-0.316 (0.085)			
ln（电力价格）	0.027 (0.084)	-0.126 (0.071)		
ln（柴油价格）	0.057 (0.098)	-0.204 (1.741)	-0.114 (0.067)	
ln（劳动力价格）	5.993 (12.74)	0.625 (1.730)	-1.409 (2.415)	-0.119 (0.104)

数据来源：根据表 5 - 2 结果及样本数据计算。

表 5 - 4   要素需求的自价格与交叉价格弹性估计结果

	化肥需求	电力需求	柴油需求	雇用劳动力需求
ln（化肥价格）	-0.223 (0.051)	0.012 (0.055)	0.018 (0.055)	0.060 (0.038)
ln（电力价格）	0.011 (0.025)	-0.033 (0.041)	-0.050 (0.412)	0.004 (0.008)
ln（柴油价格）	0.033 (0.041)	-0.001 (0.011)	-0.024 (0.031)	-0.006 (0.006)
ln（劳动力价格）	4.653 (10.940)	0.195 (0.869)	-0.267 (0.538)	-0.047 (0.059)

数据来源：根据表 5 - 2 结果及样本数据计算。

根据表 5 - 3 的分析结果，化肥与电力、柴油及劳动力间表现为替代关系；电力与柴油表现为互补关系，而与劳动力为替代关系；柴油与劳动力间表现为互补关系。可能的解释是，采用机械化的农户更倾向于雇用劳动力，样本农户中，大多数的农户在马铃薯种植机械化中采用外包形式，即同时雇用机械与劳动力。

就要素需求的自身价格弹性来看，各要素的自价格弹性均为负值，说明随着要素价格的升高，生产者对该要素的投入量减少。但是，弹性的绝对值均小于 1，说明农业生产中的化肥、电力、柴油及雇用劳动力的需求均无弹性。其中，化肥需求的自价格弹性为 -0.22，表明化肥价格上涨 1%，农户在马铃薯生产中的化肥投入量将会减少 0.22%，化肥需求的变化对化肥价格波动比较不敏感，这也从一定程度上说明化肥价格对马铃薯生产的影响较小。

但相较于电力和柴油投入，化肥投入是相对具有弹性的投入品。电力和柴油投入对自身价格变动的弹性分别为 −0.03 和 −0.02，这表明在电力和柴油投入上，农户并不能够敏锐地感知到价格变化，并及时采取相应的调整，如电力和柴油价格各上涨1%，对电力和柴油的需求仅减少0.03%和0.02%。可能的原因是，一方面，电力和柴油的投入需求是灌溉和机械等固定资产投入的引致的需求，而农户一旦对这些固定资产投资，考虑到沉没成本，即使电力和柴油价格上涨，对电力和柴油的需求也不会大幅减少；另一方面，缺乏相应的替代品，也是电力和柴油需求缺乏弹性的原因之一。

就要素需求的交叉价格弹性，首先，化肥的交叉价格弹性均为正，说明电力、柴油和雇用劳动力与化肥间均表现为替代关系。其中，化肥与劳动力的交叉价格弹性大于1，说明劳动力价格对化肥投入量影响较大，就具体的系数大小来看，化肥需求的劳动力价格弹性为4.65，这表明劳动力价格上升1%，化肥支出大致增加4.65%，这可能是由于劳动力成本上升之后，农户会选择增加化肥投入以替代劳动力投入。这与已有的研究结论一致（温铁军等，2010；周密等，2013；胡浩等，2015）。化肥属于土地替代型生产要素，与劳动力之间的关系颇为复杂（胡浩等，2015），一方面，由于施肥需要人工辅助完成，二者互为互补品；另一方面，化肥投入有助于提高农业产出，在劳动力价格上涨的情况下，化肥可以作为劳动力的替代品来维持一定的农业产出。因此，化肥与劳动力之间的关系取决于这两方面的作用。在对样本农户进行分析的结果中，可以看出，化肥与劳动力之间的替代性超过互补性。此外，化肥与电力和柴油的交叉价格弹性均小于1，这在一定程度上表明电力价格、柴油价格对马铃薯生产中的化肥投入量的影响比较微弱，就具体的系数大小来看，电力价格和柴油价格分别上涨1%，化肥支出将分别增加0.01%和0.03%。

其次，由表5–3第3列可知，电力投入与柴油的交叉弹性为负，表现为互补关系，但系数绝对值较小，说明柴油价格变动对电力投入量的影响非常小。而电力投入与劳动力的交叉弹性为正，表现为替代关系，从弹性大小来看，电力投入的劳动力价格弹性为0.20，即劳动力价格上涨1%，农户在电力上的支出将增加0.2%，而电力价格上涨1%，农户在电力上的支出仅减少0.03%。这表明相较于电力价格波动，农户对劳动力价格变动更为敏感。

此外，关于柴油投入的交叉价格弹性，可以发现劳动力价格对柴油投入的影响较柴油自身价格的影响更大，且为负值。可能的原因是，农户在马铃薯生产中的雇工与农业机械的使用同时发生，在样本农户中，确实大多数农户的生产机械化是通过机械化服务（外包）实现的，即农户同时雇用机械和机械操作者完成农业生产。而农业机械化服务的费用除了包括机械折旧、柴油费用，还包括劳动力雇工费用。因此，劳动力价格上涨，农业机械化服务价格随之上涨，农户可能会减少农业机械使用，从而减少对柴油的需求。

5.4 本章小结

本章利用马铃薯农户生产投入的微观数据，通过建立超对数成本函数，推导出要素需求函数，并计算了要素间的自价格与交叉价格弹性。研究发现：

（1）马铃薯生产中的能源要素投入受价格的影响，能源价格上涨，农户在生产中对该要素的需求就会减少。除了价格因素以外，马铃薯产出提高会显著增加对电力的需求，而种植规模增加，化肥的需求增加，但是对电力和柴油的需求则会减少；拥有灌溉设备的农户对电力需求增加同时会减少对柴油的需求；拥有机械设备的农户对柴油的需求增加，但是对化肥的需求减少；此外，户主年龄增加会加大对化肥需求而减少对电力的需求。

（2）能源要素需求的自价格弹性均为负，但是绝对值均小于1，说明要素需求对自身价格缺乏弹性。其中的原因可能是能源要素的可替代品较少或者没有，如柴油是农业机械及农产品运输的主要能源消耗品，然而目前还没有可以用于农业机械操作的其他投入品可以替代柴油；同样地，电力主要用于农业灌溉，也没有较好的替代品。但是，这似乎不能解释化肥缺乏弹性的原因，因为农家肥、绿肥均是化肥的替代品，而化肥对自身价格同样缺乏弹性，可能的解释是农户因单纯追求当前的土地效益，盲目地以施用化肥为主，不再愿意使用农家肥、绿肥，即使化肥价格上涨，农户也倾向于购买化肥用于生产。

（3）化肥与电力、柴油及雇用劳动力间均表现为替代关系，但是化肥需求仅对劳动力价格富有弹性，也就是说，在劳动力上涨情况下，农户倾向于多施用化肥，这与已有的研究结论一致（温铁军等，2010；周密等，2013；胡浩等，2015）；电力与柴油表现为互补关系，与雇用劳动力表现为替代关系；而柴油与雇用劳动力表现为互补关系。

化肥与电力均表现为劳动力的替代品，随着劳动力价格的攀升，可以预见，农户在未来农业生产中对能源要素的需求会更加旺盛，因此，能源成本在生产成本的占比可能会继续升高。但是，在农业生产中，农户可以通过不同能源投入品之间相互替代来降低成本。分析发现，化肥是样本农户生产成本中最高的支出项目，可以考虑通过适当增加灌溉，减少施用化肥，特别是在我国北方干旱地区，以实现能源成本甚至生产成本的降低。

第 6 章

能源投入对马铃薯生产的
影响研究

前面研究了能源及其相关投入在马铃薯生产成本中的变动，不断增加的能源及其相关投入是否显著地促进了马铃薯产量的提高？本章将通过构建二次型生产函数分析能源及其相关投入对马铃薯单位产出的影响。

6.1　模型建立

传统经济学研究农业生产，通常关注土地、资本和劳动这三项生产要素，其中资本包括机械、灌溉、化肥、农药等投入。生产函数形式如下：

$$y = \beta_0 + \sum_{i=1}^{n} \beta_i x_i, \qquad i = 0,1,\cdots,n \qquad (6-1)$$

其中，y 表示农业产出，本书中主要指单位马铃薯产出，x_i 是马铃薯生产中的各项投入，主要包括劳动力、化肥、灌溉、机械及种薯、农药、农膜等其他资本投入。β_0 和 β_i 均为待估参数。

根据经济学中边际报酬递减规律，通常情况下，认为要素投入与产出之间并非线性关系，为了得到最佳的生产函数形式，本书对上式采用最小二乘法（OLS）进行简单的估计，并对估计结果进行了"Ramsey's RESET 检验"和"连接检验"（link test），以检验上式是否遗漏了非线性项。检验结果[①]均显示上式遗漏了非线性项。因此，重新将生产函数形式调整为二次型生产函数：

———————————

① RESET 检验结果的 F 值 = 5.17，link test 中拟合值平方项的 p 值 = 0.002，两种检验结果均显示遗漏了高阶非线性项。

$$y = \beta_0 + \sum_{i=1}^{n} \beta_i x_i + \sum_{i=1}^{n} \beta_{ii} x_i x_i + \sum_{i=1}^{n} \sum_{j=1, j>i}^{n} \beta_{ij} x_i x_j, \quad i = 0, 1, \cdots, n \quad (6-2)$$

其中，x_1 是化肥投入，x_2 是灌溉投入，x_3 是机械投入，x_4 是劳动力投入，x_5 是包括种薯、农药、农膜等在内的资本投入。那么生产函数的具体形式可表示为：

$$y = \beta_0 + \beta_1 x_1 + \beta_2 x_2 + \beta_3 x_3 + \beta_4 x_4 + \beta_5 x_5 + \beta_{11} x_1 x_1 + \beta_{22} x_2 x_2 + \beta_{33} x_3 x_3$$
$$+ \beta_{44} x_4 x_4 + \beta_{55} x_5 x_5 + \beta_{12} x_1 x_2 + \beta_{13} x_1 x_3 + \beta_{14} x_1 x_4 + \beta_{15} x_1 x_5$$
$$+ \beta_{23} x_2 x_3 + \beta_{24} x_2 x_4 + \beta_{25} x_2 x_5 + \beta_{34} x_3 x_4 + \beta_{35} x_3 x_5 + \beta_{45} x_4 x_5 \quad (6-3)$$

边际物质产品（Marginal Physical Productivity technique，MPP）理论是指在其他条件不变的前提下，每增加一单位要素投入所增加的产量。因此，在估计出上式的系数后，可以计算各要素投入的边际物质产品，即：

$$MPP_i = \frac{\nabla y}{\nabla x_i} = \frac{\partial y}{\partial x_i} = \beta_i + 2\beta_{ii} x_i + \sum_{j=1}^{n} \beta_{ij} x_j \quad (6-4)$$

其中，MPP_i 表示第 i 种要素投入的边际物质产品，y 表示马铃薯单位产出，x_i 表示第 i 种要素投入。

那么，要素投入的产出弹性可以表示为：

$$\varepsilon_i = \frac{\dfrac{y}{\Delta y}}{\dfrac{x_i}{\Delta x_i}} = \frac{\nabla y}{\nabla x_i} \times \frac{x_i}{y} = MPP_i / APP_i \quad (6-5)$$

其中，ε_i 表示第 i 种要素投入的产出弹性，APP_i 表示第 i 种要素投入的平均产量。

当 $\varepsilon_i > 1$ 时，表明产量的增加幅度大于生产要素的增加幅度，此时，若增加该要素投入量，平均产量和总产量会增加；

当 $\varepsilon_i = 1$ 时，表明产量的增加幅度等于生产要素的增加幅度，此时，平均产量达到最高点；

当 $\varepsilon_i < 1$ 时，表明产量的增加幅度小于生产要素的增加幅度，此时，若增加该要素投入量，平均产量会降低，但是总产量仍然会增加；

当 $\varepsilon_i = 0$ 时，即 $MPP_i = 0$，表明要素投入的边际产出为 0，此时，总产量达到最高点；

当 $\varepsilon_i < 0$ 时，即 $MPP_i < 0$，此时增加生产要素投入，总产量不但不会增加产出，反而会减少。

本章的分析基于 2007 年和 2012 年的短面板数据进行分析,采用固定效应模型估计方程 (6.3),通过最小二乘法 (OLS) 对上述模型进行估计,在村级层面采用稳健性回归,用以控制在村级内部不可观测的异质性。在计算要素投入的产出弹性时,采用要素投入和产量的均值进行计算。

6.2　变量选择与定义

根据已有文献,在投入要素的选择上,基于研究目的的考虑,本书以马铃薯产出为因变量。将生产相关的能源及其相关投入作为生产要素之一,主要包括化肥投入、灌溉投入及机械投入。其中,化肥投入是指马铃薯生产中投入的化肥数量,是投入的所有氮肥、钾肥、磷肥及复合肥数量之和;灌溉投入指的是农户在马铃薯生产中支出的灌溉费用,既包括灌溉支出的电费,也包括买水的费用;机械投入是指农户在马铃薯种植过程中所有的机械花费,既包括使用自有机械耕作时支出的燃油费,也包括租赁机械或使用农业机械化服务支出的费用。

除上述能源相关投入外,劳动力也被认为是重要的生产要素之一,劳动力投入指的是包括家庭自有劳动力投入及雇用劳动力投入、交换劳动力投入的总和。

此外,资本投入是包括种薯、农药、农膜等在内的支出总和。

由于本书考察要素投入对马铃薯单位产出的影响,因此,上述要素投入均指的是每亩的投入量,其中化肥的计量单位是千克,劳动的计量单位是人·天,其他变量的计量单位均是现金。

变量的定义与基本统计描述如表 6 - 1 所示。样本农户平均每亩的马铃薯产出为 910.08 千克,农户间存在较大的差异,单产最大为 3100 千克/亩。就能源相关投入来看,平均每亩施用化肥 58 千克,亩均灌溉投入 20 元,机械投入 38 元。此外,劳动力投入约为 7 人·天/亩,资本投入为 124 元/亩。从要素投入上看,农户之间的差异性也较为明显。

表 6 - 1　　　　　　　　样本农户马铃薯生产基本特征

变量	变量定义	均值	标准差	最小值	最大值
马铃薯单位产出	千克/亩	910.08	457.14	0	3100
化肥投入	千克/亩	58.05	43.97	0	300

变量	变量定义	均值	标准差	最小值	最大值
灌溉投入	元/亩	19.79	41.97	0	411.42
机械投入	元/亩	37.88	48.84	0	223
劳动力投入	人·天/亩	6.93	5.40	0	53.33
资本投入	元/亩	124.08	134.65	0	920.98

数据来源：根据调研数据计算。

6.3　实证结果

6.3.1　样本地区的马铃薯生产情况

表6-2呈现的是样本农户在2007年和2012年的马铃薯生产中的投入产出情况。可以发现，2007～2012年，样本农户的马铃薯单位产出显著提高，从820千克/亩提高到约1000千克/亩，提高了20%以上。

表6-2　　　　　2007年和2012年样本农户马铃薯生产基本特征

变量	(a) 2007	(b) 2012	T检验 (a)-(b)
马铃薯单位产出（千克/亩）	820.03 (19.26)	998.85 (21.28)	-6.22 ***
化肥投入（千克/亩）	54.48 (2.02)	61.57 (1.94)	-2.52 **
灌溉投入（元/亩）	14.71 (1.57)	24.79 (2.15)	-3.77 ***
机械投入（元/亩）	17.85 (1.30)	57.62 (2.53)	-13.91 ***
劳动力投入（人·天/亩）	6.98 (0.22)	6.89 (0.26)	0.26
资本投入（元/亩）	71.12 (4.30)	176.28 (6.64)	-13.23 ***
样本量	484	491	

注：（a）和（b）列中的数据是变量均值，括号中是标准差。T检验中的 *** 、** 和 * 分别表示在1%、5%和10%的水平下通过了显著性检验。

就生产要素投入来看，化肥投入从 54 千克/亩增加到 62 千克/亩，增加了15%左右；灌溉投入增长得更快，从 15 元/亩增加到 25 元/亩，增加了 2/3，一方面，灌溉农户的数量从 187 户增加至 250 户，增加了 63 户，另一方面，灌溉面积也从平均 15 亩增加到 19 亩；随着马铃薯生产机械化的推进，样本农户的机械投入从 18 元/亩增加到 58 元/亩，增加了 2 倍以上。同时，马铃薯生产中的除劳动力投入有小幅减少，可能的原因是农业机械的使用替代了劳动，因此劳动力投入下降。此外，资本投入（包括种薯、农药、地膜等）也从 71 元/亩增加至 176 元/亩，翻了一番。T 检验结果显示，马铃薯单位产出和除劳动力以外的各项投入在 2007 年和 2012 年间均显著增加。

表 6 - 3 对比分析了施肥农户与非施肥农户的马铃薯生产特征，T 检验结果显示，施肥农户的马铃薯种植面积较大，且单位产出显著高于非施肥农户；同时，施肥农户的灌溉投入、机械投入及资本投入都显著高于非施肥用户，但是，劳动力投入显著低于非施肥农户。

表 6 - 3　　　　　　　施肥农户与非施肥农户的马铃薯生产基本特征

变量	(a) 非施肥农户	(b) 施肥农户	T 检验 (a) - (b)
马铃薯种植面积（亩）	10.97 (2.45)	17.52 (2.35)	- 0.84
马铃薯单位产出（千克/亩）	738.53 (38.69)	926.68 (15.50)	- 3.66 ***
灌溉投入（元/亩）	6.89 (2.31)	21.03 (2.2)	- 2.99 **
机械投入（元/亩）	12.94 (1.39)	40.29 (1.68)	- 5.01 ***
劳动力投入（人·天/亩）	9.46 (0.69)	6.69 (0.17)	4.58 ***
资本投入（元/亩）	108.14 (13.59)	125.62 (4.54)	- 1.14
样本量	86	889	

注：(a) 和 (b) 列中的数据是变量均值，括号中是标准差。T 检验中的 ***、** 和 * 分别表示在 1%、5% 和 10% 的水平下通过了显著性检验。

这说明，施肥农户在马铃薯生产中更倾向于采用资本密集型的生产方式，而非施肥农户的生产方式则相对属于劳动密集型的生产方式。值得注意的是，施肥农户的灌溉投入也会高于非施肥农户，这是因为水分影响化肥对农业产出的作用。

表 6-4 对比分析了灌溉农户与非灌溉农户的马铃薯生产特征，T 检验结果显示，灌溉农户的马铃薯种植面积和单位产出均显著高于非灌溉农户。在生产投入上，灌溉农户的化肥投入、机械投入及资本投入均高于非灌溉农户，但是，劳动力投入低于非灌溉农户。值得注意的是，灌溉农户的施肥量高于非灌溉农户，这似乎说明了农户在农业生产中对水肥的投入是同向的。

表 6-4　　　　灌溉农户与非灌溉农户的马铃薯生产基本特征

变量	(a) 非灌溉农户	(b) 灌溉农户	T 检验 (a) - (b)
马铃薯种植面积（亩）	12.15 (0.59)	17.26 (0.98)	-4.65***
马铃薯单位产出（千克/亩）	747.78 (15.60)	1134.75 (23.32)	-14.31***
化肥投入（千克/亩）	56.40 (1.83)	60.21 (2.2)	-1.33
机械投入（元/亩）	20.59 (1.34)	61.72 (2.84)	-14.23***
劳动力投入（人·天/亩）	7.48 (0.23)	6.21 (0.24)	3.64***
资本投入（元/亩）	100.21 (5.06)	156.67 (7.23)	-6.59***
样本量	565	408	

注：(a) 和 (b) 列中的数据是变量均值，括号中是标准差。T 检验中的 ***、** 和 * 分别表示在 1%、5% 和 10% 的水平下通过了显著性检验。

表 6-5 对比分析了机械化农户与非机械化农户的马铃薯生产特征，T 检验结果显示，机械化农户的马铃薯种植面积和单位产出均显著高于非机械化农户，在一定程度上说明了规模与机械化使用之间关系，也说明机械化使用可能对提高马铃薯单位产出具有影响。在生产投入上，机械化农户的灌溉投入和资本投入均显著高于非机械化农户，但是，化肥和劳动力投入显著低于非机械化农户。这说明机械的使用确实减少了农业劳动力的投入。

表6-5　　　　　　　机械化农户与非机械化农户的马铃薯生产基本特征

变量	(a) 非机械化农户	(b) 机械化农户	T检验 (a)-(b)
马铃薯种植面积（亩）	9.54 (0.79)	18.97 (2.74)	-1.78*
马铃薯单位产出（千克/亩）	710.67 (23.89)	966.16 (16.97)	-7.42***
化肥投入（千克/亩）	64.97 (3.23)	56.10 (1.55)	2.61***
灌溉投入（元/亩）	2.10 (0.83)	24.76 (1.66)	-7.15***
劳动力投入（人·天/亩）	9.08 (0.44)	6.33 (0.17)	6.72***
资本投入（元/亩）	84.66 (7.44)	135.16 (5.04)	-4.90***
样本量	761	214	

注：(a) 和 (b) 列中的数据是变量均值，括号中是标准差。T检验中的 ***、** 和 * 分别表示在1%、5%和10%的水平下通过了显著性检验。

通过从施肥、灌溉及机械化三个角度对比分析农户的马铃薯生产特征，似乎可以说明，能源及其相关投入对马铃薯单位产出具有促进作用。本书接下来将通过计量模型实证分析能源投入对马铃薯单位产出的影响。

6.3.2　实证分析结果

表6-6是二次型生产函数的估计结果，模型的 R^2 为0.30，F值为11.23，表明模型拟合得较好。

表6-6　　　　　　　　　　二次型生产函数估计结果

变量	马铃薯单位产出	变量	马铃薯单位产出
化肥投入	3.196** (1.309)	化肥投入×灌溉投入	0.012 (0.012)
灌溉投入	2.396* (1.290)	化肥投入×劳动力投入	0.066 (0.047)
机械投入	0.067 (1.307)	化肥投入×机械投入	-0.008 (0.008)

变量	马铃薯单位产出	变量	马铃薯单位产出
劳动力投入	11.748 (10.10)	灌溉投入×劳动力投入	-0.036 (0.079)
资本投入	1.141 *** (0.420)	机械投入×灌溉投入	-0.007 (0.007)
化肥投入×化肥投入	-0.024 * (0.013)	机械投入×劳动力投入	0.129 (0.080)
灌溉投入×灌溉投入	-0.010 * (0.005)	化肥投入×资本投入	0.000 (0.003)
劳动力投入×劳动力投入	0.008 (0.327)	灌溉投入×资本投入	-0.001 (0.003)
机械投入×机械投入	0.010 (0.012)	劳动力投入×资本投入	-0.050 ** (0.024)
资本投入×资本投入	-0.000 (0.001)	机械投入×资本投入	0.000 (0.003)
常数	500.4 *** (81.78)		
个体固定效应	是	年份固定效应	是
样本量	975		
R^2	0.297	F 值	11.23

注：括号内标注为稳健的标准差。标准差显示为村级。 *** 、 ** 和 * 分别表示在 1%、5% 和 10% 的水平下通过了显著性检验。

根据估计结果，化肥投入的水平项系数为正，化肥投入平方项系数为负，且分别在 5% 和 10% 的水平下通过了显著性检验，这表明，在不考虑其他变量的情况下，马铃薯单位产出与化肥投入之间存在着倒"U"形关系。

同样地，灌溉投入的水平项系数为正，灌溉投入平方项的系数为负，且均在 10% 的水平下通过了显著性检验，这说明，在其他变量保持不变的情况下，马铃薯单位产出与灌溉投入之间也表现为非线性关系，而且是倒"U"形关系。

就机械化对马铃薯产出的影响来看，统计上并不显著。可能的原因是，农业机械的使用实现了对农业劳动力的替代，提高劳动生产率，因此，机械化与马铃薯单位产出之间并不存在直接的促进关系。

在其他要素投入不变的情况下，化肥投入与马铃薯产出之间的关系描述如图 6-1 所示。马铃薯单位产出在最初时将随着化肥投入的增加而提高，但是在化肥投入增加至一定量时，马铃薯单位产出将会随着减少。根据模型回归结果，可以计算出化肥投入的边际产出为零的投入量为 64[①] 千克/亩。也就是说，在化肥投入低于 64 千克/亩时，马铃薯单位产出随着化肥投入增加；在化肥投入高于 64 千克/亩时，马铃薯单位产出随着化肥投入的增加而减少。在样本农户中，366 个观测值的化肥投入量超过了临界点，也就是说，在不考虑其他要素的情况下，近 40% 的样本的化肥使用量对马铃薯单位产出具有负向影响。

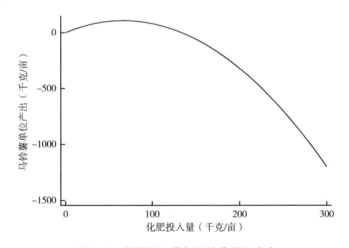

图 6-1　化肥投入量与马铃薯单位产出

同样地，在其他要素投入不变的情况下，可以将灌溉投入与马铃薯产出之间的关系描述如图 6-2 所示。马铃薯单位产出先是随着灌溉投入的增加而提高，但是在灌溉投入增加至一定量时，马铃薯单位产出将会随着减少。根据模型回归结果，计算出灌溉投入的边际马铃薯产出为零时的投入量为 120[②] 元/亩。在灌溉支出低于 120 元/亩时，马铃薯单位产出随着灌溉投入的增加而提高；在灌溉投入高于 120 元/亩时，马铃薯单位产出随着灌溉投入的增加而减少。在样本农户中，39 个观测值的灌溉投入量超过了 120 元/亩，也就是说，在不考虑其他要素投入的情况下，对于大部分样本农户来说，增加灌

---

　　① 化肥对马铃薯产出的边际产出的表达式为 $x^* = \partial yield / (\partial x_i) = 3.2 - 0.05\bar{x}$，当边际产出为 0 时，即 $x^* = 64$ 时，增加化肥投入量，马铃薯单位产出将会减少。

　　② 灌溉投入对马铃薯产出的边际产出的表达式为 $x^* = \partial yield / (\partial x_i) = 2.4 - 0.02x$，当边际产出为 0 时，即 $x^* = 120$ 时，增加灌溉投入量，马铃薯单位产出将会减少。

溉投入，将会提高马铃薯单位产出。

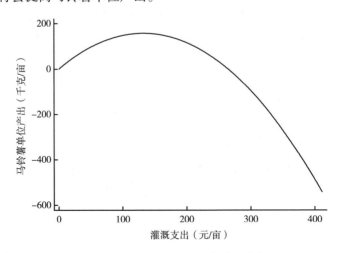

图 6 - 2　灌溉支出与马铃薯单位产出

表 6 - 7 是根据样本农户各要素投入均值和单位产出均值计算出的各要素投入的产出弹性。可以发现，对处于各要素投入均值水平的农户来说，要素投入均对马铃薯单位产出具有正向影响。

表 6 - 7　　　　　　　　　　　　**要素投入产出弹性**

变量	MPP_i	ε_i
化肥投入	1. 19	0. 076
灌溉投入	2. 23	0. 049
机械投入	0. 77	0. 032
劳动力投入	13. 63	0. 104
资本投入	0. 30	0. 042

数据来源：根据表 6 - 6 计算得到。

化肥投入的产出弹性为 0. 076，即化肥投入增加 1%，马铃薯单位产出可以提高 0. 076%；灌溉投入的产出弹性是 0. 049，灌溉投入增加 1%，马铃薯单位产出提高 0. 049%。这说明，尽管马铃薯具有耐旱的特点，但是水肥供应对马铃薯产量具有显著影响（豆新社等，2009），有灌溉条件的马铃薯产量至少是旱作产量的 3 倍以上（秦永林，2013）。机械化的产出弹性为 0. 032，这说明马铃薯生产中的机械使用对单位产出的提高起到了一定的作用。

此外，劳动力投入在所有要素投入中的产出弹性最高，估计结果显示，劳动力投入每增加1%，马铃薯单位产出可以提高0.1%，莫尔塔扎（Morteza et al.，2013）对伊朗西红柿的研究中同样发现，劳动力的产出弹性最大。资本投入的产出弹性为0.042，也就是说，资本投入增加1%，那么马铃薯单位产出可提高0.04%。

6.3.3　稳健性检验与结果讨论

为了考察能源及其相关投入对单位产出的影响是否在不同马铃薯种植规模的农户间存在差异以及不同种植规模的农户在马铃薯生产上的不同生产决策，我们将农户按照马铃薯种植规模将样本农户分为四组，种植规模分割线分别是3亩、10亩和18.3亩。由表6-8可以发现，种植规模为3~10亩的农户拥有最高的马铃薯单位产出，种植规模在10~18.3亩间的农户的马铃薯单位产出位居第2，而种植规模大于18.3亩的农户的马铃薯单位产出排在第3位，而种植规模在3亩以下的农户的马铃薯单位产出最低。也就是说，马铃薯单位产出为3~10亩达到最大，种植规模低于3亩时，马铃薯产出随着种植规模扩大而提高，但是在超过10亩以后，马铃薯产出随着种植规模扩大而减少。同时，种植规模为10~18.3亩的农户在化肥和灌溉上的投入最高，而种植规模在3亩以下的农户在化肥和灌溉上的投入最低。

表6-8　　　　　　　不同种植规模的农户的马铃薯生产基本特征

变量	上四分位规模农户	第二四分位规模农户	第三四分位规模农户	下四分位规模农户
马铃薯单位产出（千克/亩）	809.02 （434.22）	998.43 （477.60）	921.27 （429.16）	911.58 （461.27）
化肥投入（千克/亩）	50.29 （52.57）	68.75 （44.80）	62.38 （38.25）	51.28 （33.90）
灌溉投入（元/亩）	7.59 （23.32）	27.76 （50.57）	23.97 （46.85）	20.61 （40.20）
机械投入（元/亩）	14.71 （16.49）	44.87 （52.82）	54.71 （59.84）	41.08 （48.80）
劳动力投入（人·天/亩）	10.63 （6.13）	7.52 （5.55）	5.04 （3.28）	4.00 （2.78）
资本投入（元/亩）	139.07 （150.97）	127.00 （145.29）	113.98 （121.97）	113.49 （111.80）
样本量	259	267	198	251

注：括号中是标准差。

表 6-9 是对不同种植规模农户的分组回归结果，将表 6-9 中的估计系数代入到公式（6-4）和公式（6-5）中，可以计算出不同种植规模农户的要素投入的 *MPP* 值及产出弹性，计算结果在表 6-10 中进行了汇报。

表 6-9　　　　对不同马铃薯种植规模农户的二次型生产函数估计

变量	上四分位规模农户	第二四分位规模农户	第三四分位规模农户	下四分位规模农户
化肥投入	10.582 *** (3.468)	1.189 (3.220)	-1.245 (3.761)	7.437 * (3.942)
灌溉投入	-4.094 (8.207)	-4.446 (3.648)	-9.434 * (5.243)	2.643 (2.840)
机械投入	2.339 (6.416)	13.579 *** (4.757)	0.741 (3.558)	-0.105 (3.522)
劳动力投入	-30.353 (21.588)	20.319 (48.373)	-63.155 (89.351)	59.752 (53.271)
资本投入	0.478 (1.151)	-1.727 (1.081)	3.744 ** (1.441)	0.370 (1.253)
化肥投入×化肥投入	-0.117 ** (0.045)	-0.016 (0.024)	0.013 (0.050)	-0.085 (0.055)
灌溉投入×灌溉投入	0.131 (0.105)	0.021 (0.029)	0.216 *** (0.081)	-0.005 (0.066)
劳动力投入×劳动力投入	0.960 (0.656)	-1.173 (2.356)	20.371 * (12.271)	-6.302 (6.988)
机械投入×机械投入	-0.173 * (0.087)	-0.103 ** (0.048)	-0.008 (0.030)	0.006 (0.030)
资本投入×资本投入	-0.001 (0.002)	-0.002 (0.002)	-0.012 (0.010)	0.006 (0.006)
化肥投入×灌溉投入	0.062 (0.050)	-0.018 (0.039)	-0.060 (0.148)	0.028 (0.047)
化肥投入×劳动力投入	0.277 (0.201)	-0.080 (0.182)	0.862 (0.572)	-0.297 (0.548)
灌溉投入×劳动力投入	0.620 (0.582)	0.113 (0.246)	1.358 ** (0.671)	-0.531 (0.498)
化肥投入×机械投入	-0.028 (0.069)	-0.048 (0.036)	0.052 (0.053)	-0.005 (0.024)
机械投入×灌溉投入	-0.330 *** (0.127)	0.005 (0.014)	-0.036 (0.062)	-0.015 (0.023)

变量	上四分位规模农户	第二四分位规模农户	第三四分位规模农户	下四分位规模农户
机械投入×劳动力投入	0.491 (0.387)	0.052 (0.231)	-0.191 (0.336)	-0.006 (0.282)
化肥投入×资本投入	-0.008 (0.008)	0.021 *** (0.007)	-0.014 (0.019)	-0.010 (0.016)
灌溉投入×资本投入	-0.012 (0.009)	0.005 (0.006)	0.005 (0.022)	-0.001 (0.021)
劳动力投入×资本投入	0.023 (0.062)	0.010 (0.051)	-0.473 *** (0.170)	0.282 ** (0.120)
机械投入×资本投入	0.027 (0.017)	-0.001 (0.008)	-0.002 (0.014)	-0.004 (0.008)
常数	518.647 ** (199.158)	716.095 ** (302.901)	462.118 (337.131)	371.937 (233.602)
年份固定效应	是	是	是	是
个体固定效应	是	是	是	是
样本量	259	267	198	251
可决系数 R^2	0.41	0.47	0.74	0.46

注：括号内标注为稳健的标准差。标准差显示为村级。 *** 、 ** 和 * 分别表示在 1% 、5% 和 10% 的水平下通过了显著性检验。

从表 6 - 10 中可以看出，对于种植规模小于 3 亩的农户来说，能源及其相关投入的产出弹性均大于 0，其中，化肥的产出弹性最高，机械化的产出弹性次之，灌溉的产出弹性最低。也就是说，种植规模小于 3 亩的农户增加能源及其相关投入可以提高马铃薯单位产出。

表 6 - 10　　　　　不同种植规模农户的要素投入产出弹性

变量	上四分位规模农户		第二四分位规模农户		第三四分位规模农户		下四分位规模农户	
	MPP_i	ε_i	MPP_i	ε_i	MPP_i	ε_i	MPP_i	ε_i
化肥投入	3.903	0.243	-9.237	-0.636	11.161	0.755	1.670	0.094
灌溉投入	0.061	0.001	-3.411	-0.095	-2.472	-0.064	1.175	0.026
机械投入	4.934	0.090	6.028	0.271	1.506	0.089	-0.935	-0.042
劳动力投入	8.973	0.118	12.657	0.095	61.437	0.335	40.056	0.175
资本投入	-0.503	-0.086	-5.131	-0.653	3.261	0.403	1.690	0.210

数据来源：根据表 6 - 9 计算得到。

对于种植规模在 3～10 亩的农户来说，化肥和灌溉投入的产出弹性为负，机械化的产出弹性大于 0，为 0.271。该结果表明，种植规模在 3～10 亩的农户可以减少化肥和灌溉投入，增加机械化投入以达到马铃薯单位产出提高的目标。

对于种植规模在 10～18.3 亩的农户来说，化肥和机械投入的产出弹性均为正，灌溉投入的产出弹性小于 0。该结果说明，种植规模在 10～18.3 亩的农户可以继续增加化肥和机械化，以增加产出，同时，可以减少灌溉投入。

对于种植规模在 18.3 亩以上的农户来说，化肥和灌溉投入的产出弹性均为正，机械投入的产出弹性小于 0。该结果说明，种植规模在 18.3 亩以上的农户可以减少机械投入，增加化肥和灌溉投入，这样可以实现更高的单位产出。

6.4　本章小结

本章通过建立二次型生产函数，在此基础上计算了要素投入的产出弹性，分析了我国北方马铃薯主产区的能源及其相关投入对马铃薯产出的影响，主要结论如下：

（1）描述性结果显示，2007～2012 年，化肥、灌溉及机械化等能源投入与农户的马铃薯单位产出均显著提高。T 检验结果显示，进行灌溉的农户的农业生产投资与马铃薯单位产出均显著高于非灌溉农户；施用化肥的农户的农业生产投资与马铃薯产出均显著高于非施用化肥的农户；机械化农户的马铃薯种植面积和单位产出均显著高于非机械化农户。

（2）实证分析发现，化肥与灌溉投入和马铃薯单位产出之间均存在倒“U”形关系。对处于能源及其相关投入均值水平的农户而言，增加投入仍然可以提高马铃薯单位产出。具体地，化肥投入的产出弹性为 0.076，灌溉投入的产出弹性是 0.049，机械化的产出弹性为 0.032。但是，样本农户中约有 40% 的农户的化肥施用量处于倒“U”形的右侧，也就是说，化肥投入对产出具有减少的影响；相比化肥投入，样本农户的灌溉投入仍然处于边际产出上升阶段。

（3）对不同规模的农户而言，不同能源及其相关投入对马铃薯单位产出的影响存在差异。处于上四分位规模的农户的能源及其相关投入不足，对于第二四分位规模的农户来说，化肥和灌溉投入过量，而第三四分位规模的农户可以减少灌溉投入，下四分位规模的农户应该减少机械化投入。

（4）对于小规模农户来说，与化肥投入相比，灌溉投入要低很多。而且，化肥施用量已经超过边际产出为零的临界点。在调研中，我们也注意到，灌溉基础设施的建设成本较高，小规模农户难以负担，只能靠多施用化肥以获取较高的产出。针对此问题，政府应加强对农业基础设施的完善，特别是灌溉设施，在我国北方干旱地区，灌溉投入对农业产出的影响非常显著。

第7章

能源投入对农户收入的
影响研究

　　由于能源价格的快速上涨，农民的生产成本随着快速增长，样本农户的能源成本占生产成本的 1/3 以上，这对于农民持续稳定增收，特别是对贫困地区的农民的增收脱贫来说，无疑是一大挑战。因此，研究贫困地区的能源使用问题就非常重要。我国粮食生产中的能源投入越来越多，同时，能源价格在近些年也快速上涨。2003 ~ 2012 年，尽管我国农业产出增长了 37%，从 43.07 千万吨增长到 58.96 千万吨，同时，农业生产能源消耗也从 4955 万吨标准煤增加到了 6784 万吨标准煤，能源消耗量同样增加了 37%（国家统计局，2015）。此外，从图 7 - 1 可以看出，2001 ~ 2012 年，柴油和汽油价格均上涨了 3 倍（国家发展和改革委员会，2013）如柴油价格从 2503 元/吨上涨至 7611 元/吨，汽油价格从 2850 元/吨提高到 8434 元/吨，柴油和汽油价格均增长了约两倍。同时，化肥价格也从 2676 元/吨增加到 6114 元/吨，涨幅高达 128%。不断提高的农业能源消耗和能源价格使得农业生产成本快速增加，对于仍未解决温饱问题的贫困地区的农民来说，无疑是一项巨大的挑战。

　　按照当时我国的贫困标准（人均年纯收入 2300 元，2010 年不变价），2014 年我国仍有 7017 万贫困人口（国家统计局，2015）。与其他农户一样，贫困农户在农业生产中使用的能源越来越多。随着能源成本不断上涨，贫困农户增收脱贫的唯一途径就是减少每单位产出的能源投入。也就是说，农业净收入取决于农业生产中能源投入的边际收益与边际成本，当边际收益高于边际成本时，则能源投入的净收入增加；反之，则能源投入的净收入减少。减少每单位产出的能源成本即减少了能源投入的边际成本。所以，能源使用与贫困农户的收入息息相关。因此，了解能源使用与贫困地区农户收入的关系对制定扶贫与防止返贫政策具有非常重要的意义。但是，我国目前对该问题的研究非常贫乏，特别是实证研究。

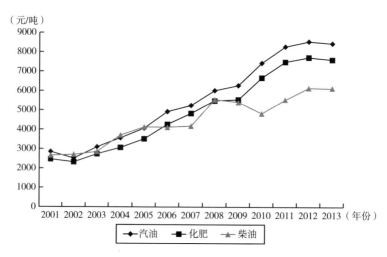

图 7 - 1　2001～2013 年我国汽油、柴油及化肥价格

注：化肥价格是折纯后的化肥价格。

数据来源：汽油和柴油价格来自国家发展和改革委员会，化肥价格由《全国农产品成本收益资料汇编》三种粮食作物的化肥费用及使用量计算得出。

本书旨在研究马铃薯农户的能源投入与收入之间的关系。作为我国继水稻、小麦和玉米之后的第四大粮食作物（农业部，2015），在 2020 年内会提供我国粮食需求的 30%。我国的马铃薯主产区和贫困地区分布高度重合，在原 592 个贫困县中，前五大马铃薯主产省份占 233 个县（40%），前十大马铃薯主产省份占 344 个县（58%）[①]。马铃薯主产区和贫困地区的重合是因为 592 个贫困县中，84% 的贫困县位于高山地区，而马铃薯是当地可种植于高寒地区的有限的作物之一。马铃薯在我国贫困地区的食物安全和农户收入中具有重要作物，因此，理解这些地区的能源使用与农户收入之间的关系具有非常重要的意义。

7.1　我国马铃薯生产中的能源投入

我国农业生产的能源成本迅速上涨，从 2001～2012 年，我国的农业能源消耗从 4145 万吨标准煤增加到 6784 万吨标准煤，增加了 65%（国家统计

[①]　2012 年，我国前 5 和前 10 大马铃薯主产省份的马铃薯产量分别占全国马铃薯总产量的 60% 和 83%。

局，2013）。同期，能源及能源密集型投入品的价格也快速上涨。化肥与柴油在农业能源消耗中占据着较高比例，这意味着我国农业生产中的能源成本快速上升。

我国的马铃薯种植范围非常广泛，但是主产区相对集中。我国的马铃薯生产主要集中在前 10 大马铃薯主产省份，这些省份占全国马铃薯产量的 80% 以上，主要是四川、甘肃、内蒙古、贵州、云南、重庆、陕西、黑龙江、湖北和宁夏，同时，这些地区也是我国主要的贫困地区。除黑龙江和湖北以外，其他省份均处于我国西部贫困地区。在我国原 592 个贫困县中，这 10 个省份占 344 个，而前 5 大马铃薯主产省份（包括四川、甘肃、内蒙古、贵州和云南）的贫困县数量占全国的 60%，且全部位于我国西部高原及山区（如云贵高原和蒙古高原）。其中，内蒙古是我国第三大马铃薯主产省份，位于蒙古高原，平均海拔 1200 米，土壤也多为砂性。马铃薯种植面积及总产量分别占全国的 15% 和 12%。由于马铃薯具有抗旱、耐寒及适宜在山区种植等特点，因此马铃薯对于提高贫困地区的收入具有重要意义。

马铃薯对于我国粮食安全的保障具有主要意义，马铃薯产业化开发的首要任务就是将扩大种植马铃薯面积。2001～2012 年，马铃薯种植面积及产量均有所增加，马铃薯种植面积从 472 万公顷增加到 553 万公顷，总产量从 6456 万吨增加至 9276 万吨。在我国水土资源严重短缺，不断增长的人口压力下，马铃薯因具有抗旱耐贫瘠的特点，且具有很大的单产上升空间，再加上营养丰富，在西北一些地区已经作为主食食用，因此顺理成章地成为继水稻、小麦和玉米之后的第四大粮食作物。然而，我国的马铃薯单产仅是世界平均水平的 87%，亚洲平均水平的 90%（FAO 数据库，2015）。因此，马铃薯种植面积增加和提高单产水平将会是我国农业政策的首要任务。

马铃薯单产随着能源成本的增加而逐步提高（见图 7-2）。2001～2012 年，马铃薯单产提高了 25%，从 13.68 吨/公顷提高到 17.09 吨/公顷，同时，马铃薯生产的能源成本（包括直接能源和间接能源成本）增加了 2 倍，从 1554 元/公顷增加到了 4972 元/公顷。

从图 7-2 可以看到，间接能源成本（主要是化肥和农药）比直接能源成本上涨得更快，且波动得更加剧烈。间接能源成本上涨了两倍以上，从 1120 元/公顷上涨至 3952 元/公顷，而直接能源成本从 434 元/公顷上涨至 1020 元/公顷，上涨了一倍以上。不难发现：第一，我国马铃薯单产提高与不断增加的能源成本相联系，特别是间接能源成本；第二，间接能源成本，如化肥和农药，对我国马铃薯生产非常重要。由于化肥和农药的使用不利于

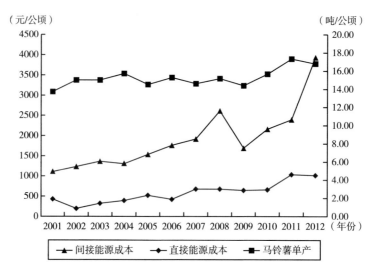

图 7 - 2 2001 ~ 2012 年我国马铃薯生产的能源成本与单产

数据来源：《全国农产品成本收益资料汇编》，2002 - 2014 年。

环境和健康发展，在我国大力发展马铃薯产业进程中，高强度的间接能源使用将成为我国农业可持续发展的巨大挑战。也就是说，降低每单位马铃薯产出的能源成本将会对农民致富脱贫及环境保护具有非常重要的意义。

7.2 模型建立与变量选择

采用计量模型对能源投入与农户收入之间的关系进行分析。对样本地区的马铃薯农户来说，马铃薯生产对于家庭收入具有举足轻重的影响。因此，能源使用通过其在马铃薯生产中的作用和收入联系在一起。本节首先介绍文章的理论框架，接着讨论实证分析模型及估计方法。

7.2.1 模型建立

假设农户是理性经济人，其马铃薯生产在利润最大化的框架下进行。因此马铃薯生产的利润最大化公式为：

$$\pi = P \times Q(E, L, K, Land) - w_e \times E - w_l \times L - w_k \times K - w_{land} \times Land$$

$$(7 - 1)$$

在公式（7-1）中，农户的利润取决于两个因素，即马铃薯生产的收益 $P \times Q(E, L, K, Land)$，及生产成本 $w_e \times E + w_l \times L + w_k \times K + w_{land} \times Land$。

这里有四种要素用于生产 Q，包括能源投入 E，劳动力投入 L，资本投入 K 和土地投入 $Land$。其中，能源投入包括直接能源和间接能源。直接能源指用于机械操作、灌溉和运输农资及农产品所需的燃料，包括柴油、汽油、电力等；间接能源则主要包括化肥和农药。劳动力投入既包括家庭劳动力又包括雇用劳动力。资本投入则包括种子、机械及其他必要投入。土地指的是用于生产马铃薯的土地。

马铃薯生产中的能源成本是 $w_e \times E$，w_e 是单位能源投入的价格。假定其他变量不变的情况下，能源使用的边际收益为 $MR_e = p \times \partial Q(\cdot)/\partial E$，其中 p 是马铃薯的价格。而能源使用的边际成本 $MC_e = w_e$。那么农户在马铃薯生产中使用一单位能源投入的净利润为 $p \times \partial Q(\cdot)/\partial E - w_e$。农户在追求利润最大化情况下的最优产量 Q^*，满足 $MR_e = MC_e$。在最优产量 Q^* 水平下，可以计算出每单位产出的能源成本：

$$AEC = w_e \times E/Q^* = w_e \times (E/Q^*)$$

那么，AEC 由两个因素决定：①能源价格，即 w_e；②能源强度①，即 E/Q^*，定义为生产一单位马铃薯所需要的能源投入。能源强度越高，意味着生产一单位马铃薯需要的能源越多，也就是能源效率越低；反之，则生产一单位马铃薯需要的能源越少，也就意味着更低的能源成本，更高的能源效率。因此，降低单位能源成本有两条途径，即降低能源价格或者降低能源强度，即提高能源效率。在给定马铃薯价格的情况下，可以得到生产一单位马铃薯的净利润，即 $\pi^* = p - AEC$。这表明在给定马铃薯价格的情况下，单位能源成本越低，则生产马铃薯的净利润越高。

马铃薯生产投入，包括能源、劳动力、资本和土地，将会影响可以带来收入的其他活动的投入，如非农收入、畜牧业等。因此，可以得到简化的计量模型：

$$income = f(AEC, L, K, Land, X) \tag{7-2}$$

其中，$income$ 是家庭净收入，包括来自马铃薯生产、非农收入及畜牧业收入等活动的全部净收入。AEC 是马铃薯单位产出的能源成本，L、K、$Land$ 分别

---

① 此处的能源强度与第四章对能源强度的定义略有不同，其中，能源以成本形式出现，而产值则以产出量衡量。

表示马铃薯生产中的劳动力、资本和土地投入。X 是其他可能影响家庭收入的因素。在某种程度上，AEC 表示家庭能源使用效率。在其他变量不变的情况下，能源使用和家庭收入存在着这样的关系，即单位产出的能源成本（AEC）越高，则家庭收入越低。

7.2.2 模型设定与变量选择

通过 2007 年和 2012 年的短面板数据进行分析。根据前文讨论的理论框架，具体计量模型分析如下：

$$y_{it} = \beta_0 + \beta_1 AEC_{it} + \beta_2 L_{it} + \beta_3 K_{it} + \beta_4 Land_{it} + \beta_5 X_{it} + c_i + \varepsilon_{it} \qquad (7-3)$$

其中，y_{it} 是家庭 i 在 t 年的总收入，$t = 2007$ 或者 2012；AEC_{it} 表示家庭 i 在 t 年生产一单位马铃薯所花费的能源成本。L_{it}、K_{it}、$Land_{it}$ 分别表示家庭 i 在 t 年马铃薯生产中的劳动力、资本及土地投入，其中，$Land_{it}$ 是家庭 i 在 t 年的马铃薯种植面积。X_{it} 是其他可能影响家庭收入的一系列变量，如家庭耕地面积、抚养比等。在农村地区，耕地通常是家庭财富的测度指标，是家庭收入的主要来源。抚养比是衡量家庭劳动力供给的重要指标，与家庭收入相关，家庭抚养比越高，劳动力供给越低，家庭收入可能越低。c_i 是家庭个体异质性的截距项，ε_{it} 为随个体和时间而改变的扰动项。

本章采用固定效应模型估计方程，用以控制随时间变化的个体异质性的影响，这可能与模型中的解释变量相关。如：①家庭初始资产特征；②风险偏好特征，能源密集型技术如农药和机械的采用，会存在一定的风险，又会影响能源使用；③家庭对孩子的偏好和家庭抚养比有关。

首先，本章对样本全部农户进行回归分析，其次，分别对贫困户和非贫困户进行回归分析。旨在分析能源使用对处于不同贫困状态的农户的影响是否不同。按照 2007 年和 2012 年农户的收入和贫困状态，可以将农户分成三组，即一直在贫困线之上的农户、一直在贫困线之下的农户和从贫困线之下到贫困线之上的农户，也就是脱贫户。接着，本章继续对这三组农户进行回归分析，以期分析这三组农户中能源使用与家庭收入之间的关系是否存在差异。

本章采用最小二乘法（OLS）对上述模型进行估计，并在村级层面采用稳健标准误进行回归，用以控制在村级内部不可观测的异质性。

模型中各变量的定义及统计描述见表 7-1。

表 7-1	变量定义与统计描述		
变量	单位	均值	标准差
家庭年收入	元, 2010 年不变价	27735.5	45098.36
年人均纯收入	元, 2010 年不变价	7411.87	11670.47
农业收入占家庭总收入的比重	%	0.78	0.60
马铃薯收入占家庭总收入的比重	%	0.31	0.95
平均能源成本	元/吨	202.13	202.39
马铃薯生产能源成本	元/亩	160.97	130.98
马铃薯单位产出	吨/亩	0.91	0.45
马铃薯种植面积	亩	17.00	68.81
家庭经营耕地面积	亩	45.03	73.11
劳动力投入	人·天/亩	6.75	5.44
资本投入	元/亩	131.42	142.83
家庭抚养比	%, 家庭人口中 16 岁以下, 60 岁以上的人口比例	0.32	0.27

7.3 估计结果及讨论

7.3.1 样本数据描述

2007 年, 样本农户的人均纯收入为 4399.51 元, 其中, 农业经营收入为 3330.17 元, 是样本农户最主要的收入来源, 占家庭人均总收入的 75.69%; 工资收入为 614.66 元, 占家庭人均总收入的 13.96%; 其他项目收入均在 200 元以下, 占比在 3%~4%。

2012 年, 样本农户人均纯收入为 10424.25 元。其中, 农业经营收入为 8000.39 元, 在家庭人均总收入的占比最高, 为 76.75%; 工资收入是第二大收入来源, 占家庭人均总收入的 11.57%, 其他经营收入、财产性收入和转移性收入在家庭人均总收入的占比均在 3%~4%。就农业经营收入结构来看, 其他大田种植收入最高, 其次是马铃薯收入, 畜牧养殖收入排在第三位。马铃薯收入占家庭总收入的 26.45%。

T 检验结果显示, 在样本农户的人均纯收入构成中, 工资收入、农业经营收入、财产性收入及转移性收入在 2007～2012 年均显著增加（见表 7-2）。

表 7-2		样本农户的人均纯收入构成			单位：元
项目	2007 （a）		2012 （b）		T 检验
	平均值	标准差	平均值	标准差	（a）-（b）
全部收入	4399.51	6852.21	10424.25	14406.06	-8.44 ***
工资收入	614.66	2112.92	1206.30	4065.77	-3.65 ***
农业经营收入	3330.17	5518.61	8000.39	14233.52	-8.26 ***
马铃薯收入	1128.11	1936.38	2756.83	6482.09	-6.48 ***
其他大田种植收入	1660.75	4610.41	4009.68	11834.34	-4.99 ***
畜牧养殖收入	541.31	1525.55	1233.89	2773.06	-5.97 ***
其他经营收入	123.44	1010.10	275.71	2689.01	-1.45
财产性收入	133.33	1082.72	462.78	2940.02	-2.71 ***
转移性收入	175.73	503.65	418.83	1143.90	-5.26 ***
其他收入	22.18	138.71	60.23	633.13	-1.56

注：（a）和（b）列中的数据是变量均值和标准差。T 检验中的 ***、** 和 * 分别表示在 1%、5% 和 10% 的水平下通过了显著性检验。

从表 7-3 可以看出，2007～2012 年，农业生产，特别是马铃薯生产在样本农户的收入中具有举足轻重的作用，尽管他们对农业收入和马铃薯收入的依赖程度略有降低。2007～2012 年，样本农户的农业收入在家庭总收入中的比重从 81% 下降到 74%，马铃薯收入在家庭总收入的占比从 37% 降低到 24%。可以看到，2012 年，农户家庭总收入的 3/4 来自农业生产，1/4 的家庭总收入来自马铃薯生产，这说明样本地区的农户收入高度依赖农业生产，当然也包括马铃薯生产。

表 7-3	样本农户的基本特征		
变量	（a）2007	（b）2012	T 检验（a）-（b）
家庭年收入（元）	16544.55 (24134.2)	38926.45 (56906.63)	-9.28 ***
年人均纯收入（元）	4399.51 (6852.21)	10424.25 (15616.17)	-9.71 ***
农业收入占家庭总收入的比重（%）	0.81 (0.68)	0.74 (0.50)	1.85 **

续表

变量	(a) 2007	(b) 2012	T 检验 (a) – (b)
马铃薯收入占家庭总收入的比重（%）	0.37 (1.26)	0.24 (0.48)	2.19 **
平均能源成本（元/吨）	132.46 (139.63)	222.30 (214.30)	– 7.85 ***
马铃薯生产能源成本（元/亩）	93.96 (85.89)	189.18 (139.06)	– 13.12 ***
马铃薯单位产出（吨/亩）	0.82 (0.42)	1.00 (0.47)	– 6.29 ***
马铃薯种植面积（亩）	15.49 (29.58)	18.51 (92.75)	– 0.70
家庭经营耕地面积（亩）	40.75 (35.68)	49.33 (96.92)	– 1.86 *
劳动力投入（人·天/亩）	6.76 (4.96)	6.76 (5.89)	0.00
资本投入（元/亩）	82.34 (97.55)	219.32 (164.02)	– 16.04 ***
家庭抚养比（%）	0.31 (0.25)	0.33 (0.31)	– 1.04
样本量	500	500	

注：（a）和（b）列中的数据是变量均值，括号中是标准差。T检验中的 *** 、 ** 和 * 分别表示在1%、5%和10%的水平下通过了显著性检验。

　　2012 年农户在生产一吨马铃薯的能源成本显著高于 2007 年。2007 年，马铃薯生产的能源成本是 132.46 元/吨，到了 2012 年，能源成本提高到 222.30 元/吨，提高了 2/3 以上。能源成本的上涨一方面可能是能源价格（如柴油、化肥、农药等）上涨造成的，另一方面也可能是能源使用量增加，但是并没有同等幅度地提高马铃薯单产。2007~2012 年，样本农户在单位面积马铃薯生产中投入的能源成本翻了一番，从 93.96 元/亩增加至 189.18 元/亩。同时，马铃薯单产仅仅提高了 25%，从 0.82 吨/亩提高到 1 吨/亩，均低于同期全国马铃薯平均单产水平。2012 年，样本农户的平均马铃薯种植面积为 18.51 亩,平均能源成本 189.18 元/亩,也就是说,农户在马铃薯生产中平均花费的能源成本就高达 3500 元,因此,贫困农户在马铃薯生产中的能源投入可能会受到资金制约。

样本农户经营的耕地面积显著增加,平均经营耕地面积从 40.75 亩增加到 49.33 亩,增加了 21%。在某种程度上,耕地规模越大,包括自有耕地和流转耕地,表明在样本地区的土地规模化得到了发展。

样本地区的农户马铃薯生产变得更加资本密集。2007~2012 年,平均劳动 5 力投入没有变化,但是同期,资本投入(机械等)从 82.34 元/亩显著提高到 219.32 元/亩。

样本家庭成员的 2/3 左右均可以参加农业生产及其他经济活动,2007 年和 2012 年样本家庭抚养比(即低于 16 岁,高于 60 岁的家庭成员比例)分别是 0.31 和 0.33。这是由于全国经济发展、家庭经济决策如农业新技术采用和城乡迁移造成的。

2007~2012 年,样本家庭贫困发生率显著降低。贫困农户比例从 2007 年的 45%(233 户)下降到 2012 年的 11%(55 户)。根据两年样本农户不同的贫困状态,可将农户分为四组,即两年收入都在贫困线之上的,有 270 户(约占 54%),两年收入都低于贫困线的有 48 户,脱贫农户 175 户,还有 7 户返贫农户。

表 7-4 是三个组别农户的基本特征①。在三组农户中,两年收入均高于贫困线的 270 户农户的平均收入最高,生产单位马铃薯的能源成本最低,这说明该组农户的能源使用效率最高。相反,两年收入均低于贫困线的 48 户农户的平均收入最低,而生产单位马铃薯的能源成本最高,同时,他们经营的耕地面积和马铃薯种植面积都最小,且在马铃薯生产中的劳动力投入最高,资本投入均最低。此外,他们拥有最高的家庭抚养比。为了更好地理解不同组别农户的能源使用与家庭特征是否存在显著差异,本书进行了单边方差分析,发现不同组别农户在人均纯收入、能源成本、劳动力投入、资本投入及家庭抚养比变量上均在 1% 的水平下显著②。本章将在计量分析中进一步分析不同组别农户的能源使用与收入之间的关系。

---

① 为了节省空间,本书并没有将 7 户返贫农户的信息列出。
② 为了节省空间,分析结果省略。

表7-4　　　　　　　　　　不同组别农户的社会经济特征

变量	两年收入均在 贫困线之上	两年收入均在 贫困线之下	脱贫农户
年人均纯收入（元）	10501.32 (13788.25)	1148.61 (782.93)	4526.21 (7805.77)
平均能源成本（元/吨）	157.55 (165.43)	267.96 (284.59)	182.51 (160.95)
家庭经营耕地面积（亩）	42.84 (27.67)	35.97 (26.17)	51.07 (117.68)
马铃薯种植面积（亩）	15.36 (17.37)	7.87 (11.88)	22.49 (113.96)
劳动力投入（人·天/亩）	6.52 (5.02)	7.82 (4.11)	7.33 (6.23)
资本投入（元/亩）	156.83 (150.50)	113.15 (116.83)	164.70 (159.82)
家庭抚养比（%）	0.30 (0.28)	0.43 (0.27)	0.33 (0.27)
样本量	270	48	175

注：（a）和（b）列中的数据是变量均值，括号中是标准差。

7.3.2　模型估计结果

计量结果显示，平均能源成本与家庭收入之间呈负相关关系（见表7-5）。但是，贫困户和非贫困户的平均能源成本与家庭收入之间负相关关系的显著性不同。

表7-5　　　　　　　　　　能源成本与家庭收入的关系

变量	全部农户	贫困农户	非贫困农户
平均能源成本	-4.19*** (1.27)	-0.83*** (0.26)	-3.54 (2.30)
劳动力投入（log）	633.62* (351.43)	334.59** (146.80)	429.87 (686.32)
马铃薯种植面积	25.47 (29.97)	-25.91 (25.06)	120.45* (68.56)

变量	全部农户	贫困农户	非贫困农户
资本投入（log）	-3.15 (155.86)	-12.01 (42.74)	-382.10 (244.96)
家庭经营耕地面积	47.41 (29.42)	-4.42 (5.87)	44.91 (48.98)
家庭抚养比	-5142.10 *** (1562.48)	-414.81 (302.56)	-7074.60 ** (2762.96)
常数	1870.00 (1739.21)	536.81 * (313.31)	4555.91 (2972.86)
农户固定效应	是	是	是
年份固定效应	是	是	是
样本量	1000	278	722
可决系数 R^2	0.35	0.50	0.22

注：括号内标注为稳健的标准差。标准差显示为村级。 *** 、 ** 和 * 分别表示在 1%、5% 和 10% 的水平下通过了显著性检验。

在对全部样本进行回归的方程中，能源成本与收入呈显著负相关关系，在 1% 的水平下显著。可能的解释如下：在其他变量保持不变的情况下，生产一单位马铃薯的能源成本越低，那么，生产一单位马铃薯的净收益就越高，从而家庭净收入也越高。马铃薯生产中的劳动力投入和土地投入对家庭收入具有正向影响，资本投入对家庭收入具有负向影响，但是并不显著。家庭经营耕地面积越大，家庭收入越高，但是并不显著。家庭抚养比与家庭收入之间呈负相关关系，且在 1% 的水平通过了显著性检验。可能的解释为，当一个家庭拥有较高的抚养比，那么可以从事农业生产和非农活动的家庭劳动力就越少，从而，家庭收入就可能越低。从回归模型结果上看，马铃薯生产中的能源投入相比其他要素投入对家庭收入的影响更为显著。

在贫困户和非贫困户的能源成本与收入之间的负相关关系中，仅在贫困户的回归中显著，在非贫困户中并不显著。这可能是因为非贫困户的能源使用效率相对较高，样本农户的能源使用效率在年际间的变化不像贫困户那样大。该结果表明，提高能源效率或者能源价格的提高对贫困户的影响更大。

表 7-6 是针对不同收入组别的农户分别进行回归的结果。可以看到，能源成本对从 2007 年到 2012 年脱贫的农户和一直处于贫困线以下的农户具有显著负向影响。但是，能源成本对两年都在贫困线以上的农户的负向影响并

不显著。可能的解释是：贫困户由于资金有限，不能更新机械或者他们对能源使用效率的了解较少。因此，他们的能源使用效率较低。随着能源价格上涨及马铃薯生产投入的能源增加，他们支出的能源成本更多，因此，马铃薯生产的净利润就越低，从而，家庭收入也就越低。

表7-6　　　　　　　　不同组别农户的能源成本与家庭收入的关系①

变量	两年收入均在贫困线之上的农户	两年收入均在贫困线之下的农户	脱贫农户
平均能源成本	-3.54 (2.30)	-0.82** (0.26)	-4.29** (1.87)
劳动力投入（log）	429.87 (687.97)	334.59** (151.85)	181.15 (407.01)
马铃薯种植面积	120.45* (68.72)	-25.91 (25.93)	-9.11 (36.96)
资本投入（log）	-382.10 (245.55)	-12.01 (44.21)	463.86*** (178.24)
家庭经营耕地面积	44.91 (49.10)	-4.42 (6.07)	79.74** (36.27)
家庭抚养比	-7074.60** (2769.62)	-414.81 (312.97)	-1375.03 (1560.99)
常数	6415.24** (3027.87)	516.10 (371.08)	-4489.03** (2088.81)
农户固定效应	是	是	是
年份固定效应	是	是	是
样本量	540	96	350
可决系数 R^2	0.22	0.50	0.80

注：括号内标注为稳健的标准差。标准差显示为村级。***、**和*分别表示在1%、5%和10%的水平下通过了显著性检验。

值得注意的是，对于两年都处于贫困线以下的农户和脱贫的农户，后者的系数要高于前者。结果表明，能源成本下降，脱贫农户的收入增加要高于两年都处于贫困线以下的农户。这表明通过提高能源效率降低能源成本可能可以作为马铃薯主产区减贫的政策工具，对于提高农户收入具有重要作用。

----

① 本书同样对7户返贫农户进行了回归分析，但是结果没有显著变化。

7.3.3 稳健性检验及结果讨论

本章进行了三组稳健性检验，以便更好地理解不同收入水平、收入结构及耕地规模的农户之间的能源使用与收入的关系。

稳健性检验1：本部分主要是考察能源使用与收入的关系是否在不同收入水平的农户间存在差异。文章将样本农户按照收入等分成四组，四分位的收入分割线分别是2056元、4474元和8612元。因此，处于上四分位的农户处于国家贫困线（2300元）以下，处于第二四分位的农户既包括低于国家贫困线的农户也包括在贫困线以上的农户。

回归结果表明（见表7-7），能源成本对处于低收入组别的农户的收入具有显著负向影响。具体地，对处于上四分位和第二四分位的农户来说，能源成本对收入的影响显著为负。上述结果进一步说明，提高能源效率对贫困农户更为重要，也进一步说明降低能源成本对低收入农户的影响更大。

表7-7　　　　不同收入水平的农户能源成本与家庭收入的关系

变量	上四分位收入农户	第二四分位收入农户	第三四分位收入农户	下四分位收入农户
平均能源成本	-0.79* (0.44)	-0.97* (0.51)	-0.19 (0.64)	26.47 (17.60)
劳动力投入（log）	341.3*** (120.1)	23.33 (204.6)	-422.0** (181.7)	6539** (3198)
马铃薯种植面积	-31.05 (28.97)	-4.47 (20.94)	84.36*** (23.24)	170.0 (157.0)
资本投入（log）	-75.04* (29.60)	56.84 (38.75)	18.94 (108.3)	-960.5 (672.0)
家庭经营耕地面积	38.29 (24.08)	-26.52 (33.97)	-6.63 (20.03)	-40.71 (102.0)
家庭抚养比	95.73 (314.80)	-471.3 (658.7)	371.3 (829.1)	-10135* (5717)
常数	-1245 (1072)	4007*** (1340)	6412*** (853.2)	-12716 (10667)
农户固定效应	是	是	是	是
年份固定效应	是	是	是	是
样本量	248	251	249	252
可决系数 R^2	0.55	0.24	0.36	0.47

注：括号内标注为稳健的标准差。标准差显示为村级。***、**和*分别表示在1%、5%和10%的水平下通过了显著性检验。

　　稳健性检验2：本部分是为了考察能源使用与收入的关系是否在不同农业收入结构的农户间，即对马铃薯收入依赖程度不同的农户间存在差异。文章将样本农户分为两组，第一组农户的马铃薯收入占农业收入的50%以上，而第二组农户的马铃薯收入在农业收入的占比低于50%。

　　回归结果显示（见表7-8），能源成本对收入的影响在这两组不同农户间存在着显著差异。尽管对于马铃薯收入在农业收入中占比高于50%和低于50%的农户来说，能源成本对收入的影响均显著为负，但是对于马铃薯收入在农业收入中占比高于50%的农户来说，能源成本对收入的影响幅度较大。这表明，降低能源成本对于那些高度依赖马铃薯种植的农户更为重要，这对于那些外出务工的机会有限、以马铃薯作为主要的农业收入来源的农户来说，具有特别重要的意义。这些地区是我国西部地区的典型代表，地处高寒山区，当地农户多为少数民族，受教育水平低，再加上语言障碍等，这都限制了他们的非农收入来源。

表7-8　　　　　　　不同种植结构的农户能源成本与家庭收入的关系

变量	马铃薯收入占家庭总收入的比重 >50%	马铃薯收入占家庭总收入的比重 ≤50%
平均能源成本	-8.79 * (5.27)	-2.47 ** (1.18)
劳动力投入（log）	235.26 (854.78)	223.52 *** (615.84)
马铃薯种植面积	53.34 * (31.95)	244.95 *** (77.16)
资本投入（log）	-167.37 (335.12)	-216.90 (198.75)
家庭经营耕地面积	17.14 (31.38)	-40.31 (183.95)
家庭抚养比	-7275.37 *** (2170.78)	-2185.19 (1363.00)
常数	3216.59 (2696.37)	2755.80 (1810.69)
农户固定效应	是	是
年份固定效应	是	是
样本量	277	723
可决系数 R^2	0.88	0.34

　　注：括号内标注为稳健的标准差。标准差显示为村级。***、** 和 * 分别表示在1%、5%和10%的水平下通过了显著性检验。

　　稳健性检验 3：本部分是为了考察能源使用与收入的关系是否在不同耕地规模的农户间存在差异。这主要是为了考察政府在推进土地规模经营以提高农业生产率和收入的作用。在我们的样本地区，当地政府大力推行土地规模经营以提高马铃薯产出，在土地规模化过程中，通常建有大型灌溉设施，而这对水资源短缺地区的长期可持续发展十分不利。在稳健性检验中，我们将样本农户根据马铃薯种植面积等分成四组，四分位马铃薯种植面积分割线分别是 3 亩、10 亩和 18.3 亩。

　　回归结果表明（见表 7 - 9），能源成本与不同马铃薯种植规模的样本农户的收入间均呈现负相关关系。但是，能源成本与收入的负相关关系仅在第三四分位的农户中，也就是种植规模在 10 ~ 18.3 亩的样本农户中是显著的。这说明，适度规模的农户可以从降低能源成本的过程中获益，马铃薯种植规模过大或者过小都不利于农户从降低能源成本中获益。

表 7 - 9　　　　　　　　不同种植规模的农户能源成本与家庭收入的关系

变量	上四分位种植规模农户	第二四分位种植规模农户	第三四分位种植规模农户	下四分位种植规模农户
平均能源成本	- 0.71 (1.176)	- 1.17 (3.57)	- 4.69 ** (2.245)	- 6.48 (9.02)
劳动力投入（log）	1153 (1285)	2535 (1581)	- 2680 ** (1326)	1362 (1620)
马铃薯种植面积	- 1060 (1903)	- 215.8 (345.3)	47.02 (371.5)	32.55 (53.55)
资本投入（log）	106.5 (195.8)	- 364.5 (253.4)	- 478.6 * (282.3)	- 286.2 (461.4)
家庭经营耕地面积	- 67.31 (70.30)	33.52 (55.29)	173.9 *** (54.39)	31.84 (55.12)
家庭抚养比	- 2510 * (1429)	- 1534 (2528)	- 5779 * (3112)	- 17584 (11112)
常数	4700 ** (2200)	- 2058 (5426)	13273 (8164)	2896 (10585)
农户固定效应	是	是	是	是
年份固定效应	是	是	是	是
样本量	227	326	197	250
可决系数 R^2	0.21	0.30	0.66	0.43

　　注：括号内标注为稳健的标准差。标准差显示为村级。*** 、** 和 * 分别表示在 1%、5% 和 10% 的水平下通过了显著性检验。

7.4　本章小结

本章通过来自我国北方贫困地区以马铃薯种植为主的农户数据，分析了农村贫困地区的能源投入与农户收入之间的关系。主要结论如下：

（1）样本农户的农业收入占家庭总收入的76%，而马铃薯种植收入占家庭总收入的28%。T检验结果显示，2007~2012年，样本农户的收入显著增加，贫困农户数量大幅减少。同时，2007~2012年，农户在生产单位马铃薯中投入的能源成本越来越高。

（2）实证分析结果表明，平均能源成本对收入具有负向显著影响。也就是说，在不考虑其他因素的情况下，平均能源成本增加，农户收入则会减少；平均能源成本降低，农户收入则会增加。考虑到能源价格主要由市场决定，因此，平均能源成本主要由能源投入量和农业产出决定，也就是能源强度。因此，降低能源强度，农户收入就会增加。

（3）与非贫困户相比，平均能源成本对收入的影响在贫困户中更为显著，该回归结果是不仅是稳健的也是有效的。因为在进行估计时，除了选择Robust进行稳健性估计以外，还选择Clustrer以控制不同村之间的差异，这样能够使方差的估计更加有效。因此，贫困农户可以通过在提高能源效率或者适度平滑能源价格上涨的过程中实现平均能源成本减少，从而增加收入。如果不采取有效措施，贫困农户将在能源成本快速上涨时受到严重冲击。由于我国农业产业的能源效率还比较低，那么，可以有效降低能源强度的政策措施对农民收入提高非常重要。考虑到马铃薯将在未来几十年内对我国的粮食安全将起到非常重要的作用，且防止脱贫地区农民返贫仍是未来农村发展的重任，因此，通过提高能源使用效率降低马铃薯的平均能源成本，这对于增加农民收入及粮食安全保障具有重要意义。

总之，尽管与其他作物相比，马铃薯对能源的需求较低，然而马铃薯生产中的能源成本已占到生产成本的1/3以上，不难推断，其他作物的能源成本更高。实证分析发现，平均能源成本与农户收入间存在显著负相关关系。因此，制定有效降低农户平均能源成本的政策措施，也就是制定可以促进能源效率提高的措施对我国实现农户增收及减贫脱贫就尤为重要。农机具购置补贴政策的实施有利于我国农业生产能源效率的提高，此外，引导农户采用低能源消耗的农业种植技术，如免耕技术等同样值得考虑。

第 8 章

结论与政策建议

随着我国农业现代化的推进，农业生产对能源投入的依赖越来越大，农业生产成本也随之较快上涨，生产成本的上涨不利于农民收入提高，这对实现农民稳定增收，特别是防止脱贫地区农民返贫是一个重大挑战。因此，在我国推进马铃薯产业化开发的背景下，研究农业生产中的能源投入对我国马铃薯生产及农民收入的影响，对保障粮食安全和防止脱贫地区农民返贫的目标具有重要意义。

8.1 研究结论

第一，化肥、机械化与灌溉是马铃薯生产中最重要的三项能源支出，2007～2012 年，马铃薯生产中的能源成本及能源强度均提高。

2007～2012 年，样本农户的马铃薯生产成本增加。能源相关投入包括机械化、灌溉、运输及农药化肥等支出占生产成本的 50% 以上，仅测算其中的能源成本，其在农户马铃薯生产成本的比例也在 1/3 以上。就马铃薯生产的能源成本构成来看，间接能源支出占比在 70% 左右，直接能源支出占比只有 30%。具体地，化肥、机械化与灌溉是马铃薯生产中最重要的三项能源支出。就马铃薯生产的能源强度来看，2007 年和 2012 年的能源强度分别为 0.67 吨标准煤/万元和 0.83 吨标准煤/万元，能源强度有所提高。一方面，说明样本地区的马铃薯生产方式发生了一定的转变，向资本密集型进行转变；另一方面，也说明能源效率有所下降。具体来看，直接能源强度由 0.26 吨标准煤/万元提高到 0.44 吨标准煤/万元，而间接能源强度则保持 0.40 吨标准煤/万元不变，但是一直处于较高水平。

第二，农户对能源投入的需求对各自的价格缺乏弹性，化肥与电力和柴油是替代关系，电力与柴油间呈互补关系。

在成本最小化框架下，通过构建超对数成本函数，推导出能源投入的需求函数，并计算了能源投入的 Allen 偏替代弹性和要素需求的价格弹性。通过实证分析发现，要素需求随着各自价格的提高而减少，除了价格因素以外，农户对电力的需求会随着马铃薯产出的提高而增加，对化肥和雇用劳动力的需求随着种植规模的扩大而增加，但是对电力和柴油的需求则随着种植规模的扩大而减少；拥有灌溉设备的农户对电力的需求增加，但是对柴油和雇用劳动力的需求减少；拥有机械设备的农户对柴油的需求增加，但是对化肥的需求减少；户主年龄增加会加大对化肥需求而减少电力和雇用劳动力需求。这表明，灌溉对马铃薯产出的提高具有重要影响，同时，灌溉及机械化存在着规模经济，适度扩大农业生产规模，可以降低电力及柴油投入。就要素价格的自弹性看，能源要素需求对自身价格缺乏弹性，即能源要素价格上涨1%，需求减少低于1%。就要素需求的交叉价格弹性看，化肥与电力、柴油及雇用劳动间是替代关系，其中，化肥需求对劳动力价格的变动富有弹性，对电力和柴油价格的变动均缺乏弹性，具体地，劳动力价格上涨1%，化肥需求增加4.65%，电力和柴油价格上涨1%，化肥需求的增加幅度不足1%。电力与柴油间是互补关系，与雇用劳动力是替代关系，其他要素价格上涨1%，电力需求的变动量均小于1%；柴油与雇用劳动力间是互补关系，其他要素价格上涨1%，柴油需求的变动量低于1%。

第三，对处于化肥、灌溉和机械化投入均值水平的农户而言，能源相关投入的产出弹性大于0。但是，约有40%的样本农户的化肥施用过量，较化肥而言，灌溉投入严重不足。

2007~2012年，样本农户的马铃薯单位产出显著提高，同时，能源相关投入如化肥、灌溉及机械化投入均显著增加。本研究在对二次型生产函数进行估计的基础上，测算了能源相关投入的产出弹性。结果表明，化肥与灌溉投入和马铃薯单位产出间均存在倒"U"形关系；对处于化肥、灌溉和机械化投入均值水平的农户而言，能源相关投入的产出弹性大于0，增加投入，仍然可以提高马铃薯单位产出。但是，约有40%的样本农户的化肥施用量高于边际产出为零的临界值；相比化肥投入，灌溉投入严重不足，样本农户的灌溉投入均值远远低于边际产出为零的临界值，因此，可以适当增加灌溉投入。此外，不同马铃薯种植规模农户的能源要素产出弹性存在差异。

第四，降低马铃薯生产的平均能源成本，即提高能源效率，可以显著提高农民收入。

2007～2012年，样本农户的收入显著增加，贫困农户数量大幅减少，马铃薯收入是样本农户的主要收入来源。在马铃薯生产中，农户在生产单位马铃薯中投入的能源成本，即平均能源成本越来越高，考虑到能源价格主要由市场决定，平均能源成本主要由能源投入量和马铃薯产出决定，也就是能源强度。在利润最大化框架下，构建了马铃薯生产的平均能源成本对农户收入影响的分析模型。实证结果表明，在其他变量保持不变的情况下，平均能源成本对农民收入具有负向显著影响，表明降低平均能源成本，也就是提高能源效率，可以有效提高农民收入，改善农民的贫困状态。此外，平均能源成本对农民收入的影响在贫困户与非贫困户之间，不同种植规模的农户之间存在显著差异。提高能源效率对贫困户的收入增长幅度要高于非贫困户。

8.2 政策建议

基于本书的实证分析及主要结论，结合当前我国的实际情况，提出以下政策建议：

第一，推广测土配方技术，减少农业生产中的化肥等间接能源投入。尽管化肥在农业生产发展中发挥着重要作用，但是，化肥过量施用、盲目施用等问题也同时存在。本书的分析表明，近40%的样本农户在马铃薯生产中存在化肥过量施用的情况。2015，农业部出台了化肥农药使用量零增长行动方案，其目标是到2020年，我国主要农作物的化肥农药使用量实现零增长。推进测土配方施肥技术的推广，提高农民科学施肥的技能。同时，应积极调整化肥产品结构，大力发展有机肥，鼓励农民使用绿肥、农家肥来培肥地力。甚至可以在适合的地区推广减耕或免耕技术，减少化肥和农药的使用。

第二，加大宣传与培训力度，引导农民科学施用农药和化肥。加大宣传与培训力度，开展农技培训和咨询服务，引导农民科学、合理地施用化肥和农药。注意施肥施药的时机，以提高施肥施药的精准性和利用率，更好地促进农业增收。此外，应加强病虫害防治技术的指导工作，应用农业防治、生物防治、物理防治等绿色防控技术，预防控制病虫害发生，适度减少农药使用量。

第三，推广高效节能的农业机械器具，减少农业生产中的能源消耗。2015年，我国三大粮食作物耕种收综合机械化率均已超过75%。为促进农业发展方式转变，加快推进农业现代化进程，农业部发布的《关于开展主要农作物生产全程机械化推进行动的意见》提出，"到 2020 年，全国农作物耕种收综合机械化水平达到 68% 以上，其中，三大粮食作物耕种收综合机械化水平均达到 80% 以上"。我国在促进农业机械化水平不断提高的同时，也应该提高机械使用中的能源效率，及时对老旧的农业机械设备进行更新升级，改善农业装备结构，提升农业装备水平。政府应加大对高效低能耗的农机具的推广，同时可通过农机购置补贴的形式引导农户采用先进适用、高效低能耗的农业机械，以降低农业生产中的能源消耗。

第四，适当增加马铃薯生产的灌溉投入。尽管马铃薯是抗旱作物，但是灌溉可以显著提高马铃薯的单位产出。本书的研究发现，样本农户在马铃薯生产中的灌溉投入不足，因此，可以适当增加马铃薯生产中的灌溉投入。我国北方地区水资源相对短缺，可以考虑发展节水灌溉农业，加快高效节水的灌溉设施建设，积极推广先进适用的节水灌溉技术，如滴灌、微型喷灌等。

第五，提高农业生产中的能源利用效率，促进农民稳定增收。农业生产中能源效率的提高，一方面有利于减少能源消耗，同时对农民收入的提高具有显著促进作用，尤其是对于处在贫困线以下的农民来说，能源效率的提高可以显著提高收入。因此，应在努力提高农业产出的同时，积极探索有利于节约能源投入的农业生产方式；另一方面，加大宣传与培训力度，增强农民的节能意识。通过市场调节、制定相应的政策法规等途径影响农民的农业生产耕作方式，不断提升农业生产中的能源效率，促进农民收入的提高。

附 录

问卷编号＿＿＿＿＿＿

马铃薯产业链农户调查问卷

这是中国农业科学院与中国人民大学关于马铃薯产业链的调查，我们将向您询问一些问题，您所有的回答均用于学术研究，所有信息都会得到保密！感谢您配合和支持我们的调查问卷工作！

省　　份　河北省　内蒙古自治区

旗 ／ 县＿＿＿＿＿＿＿＿＿＿＿＿＿

　　　镇＿＿＿＿＿＿＿＿＿＿＿＿＿

　　　村＿＿＿＿＿＿＿＿＿＿＿＿＿

受 访 者＿＿＿＿＿＿＿＿＿＿＿＿＿

联系方式＿＿＿＿＿＿＿＿＿＿＿＿＿

调 查 员＿＿＿＿＿＿＿＿＿＿＿＿＿

审 核 员＿＿＿＿＿＿＿＿＿＿＿＿＿

组　　长＿＿＿＿＿＿＿＿＿＿＿＿＿

2013 年＿＿＿月＿＿＿日＿＿＿时＿＿＿分至＿＿＿时＿＿＿分

A. 家庭基本信息

A1. 2012 年，您家一共有_____口人。请填写所有家庭成员信息

A2. 家庭成员基本信息（由户主开始）

问题	单位和代码	家庭成员数目							
		01	02	03	04	05	06	07	08
1）与户主的关系：1＝户主；2＝配偶；3＝子女；4＝孙子女；5＝父母；6＝兄弟姐妹；7＝女婿、儿媳、内弟、小舅子；8＝岳父母；9＝祖父母；10＝其他_____	1								
2）性别	1＝男，2＝女								
3）年龄	岁								
4）婚姻状况：　　　1＝未婚；2＝已婚；3＝离婚；4＝丧偶；5＝其他（注明）									
5）民族：　　　①汉族；②回族；③满族；④蒙古族；⑤壮族；⑥朝鲜族；⑦维吾尔族；⑧其他民族－注明									
6）最高受教育年限	年								
7）户口类型：　1＝本地农业户口，2＝本地非农户口，3＝外地农业户口，4＝外地非农户口，5＝无户口，6＝其他，请注明_____									
8）是否在调研所在地分到土地	1＝是，2＝否								
9）是否中共党员	1＝是，2＝否								
10）是否村干部	1＝是，2＝否								
11）马铃薯种植年数	年								
注意：家庭成员可以有多于一个以下的职位，如既在自家农田和非农就业。									
2012年 12）在农户家中（指在家中至少6个月，且在这6个月中至少有一半时间在家中）	1＝是，2＝否								
13）在自家农田务农	1＝是，2＝否								
14）是否有当地农业工资（非迁移）的工作，指在其他农户的农田/农场工作，而非自己的农田；迁移被定义为在县外工作；当地被定义为县内的工作	1＝是，2＝否								
14.1）若是，何种工作	代码1								
14.2）每年工作几个月	月								
14.3）月工资	元/月								

续表

问题		单位和代码	家庭成员数目							
			01	02	03	04	05	06	07	08
2012年	15）是否有当地非农工资工作（指当地公司的制造业和服务业）	1＝是，2＝否								
	15.1）职业类型	代码2								
	15.2）行业类型	代码3								
	15.3）工作的月份数	月								
	15.4）平均每月的工资	元/月								
	16）是否有自我雇用的非农经营活动（如开小店等）	1＝是；2＝否								
	17）是否外出务工	1＝是；2＝否								
	若是 17.1）工作地点	代码4								
	17.2）工作的县级市名	填写名字								
	17.3）职业类型	代码2								
	17.4）行业类型	代码3								
	17.5）在外工作的月份数	月								
	17.6）平均每月的工资	元/月								
	18）收入是否用于家庭开支	1＝是；2＝否								
2007年	19）在农户家中（指在家中至少6个月，且在这6个月中至少有一半时间在家中）	1＝是，2＝否								
	20）在自家农田务农	1＝是，2＝否								
	21）是否有当地农业工资（非迁移）的工作，指在其他农户的农田/农场工作，而非自己的农田；迁移被定义为在县外工作；当地被定义为县内的工作	1＝是，2＝否								
	21.1）若是，何种工作	代码1								
	21.2）每年工作几个月	月								
	21.3）月工资	元/月								
	22）是否有当地非农工资工作（指当地公司的制造业和服务业）	1＝是，2＝否								
	22.1）职业类型	代码2								
	22.2）行业类型	代码3								
	22.3）工作的月份数	月								
	22.4）平均每月的工资	元/月								

续表

问题		单位和代码	家庭成员数目							
			01	02	03	04	05	06	07	08
2007年	23）是否有自我雇用的非农经营活动（如开小店等）	1 = 是；2 = 否								
	24）是否外出务工	1 = 是；2 = 否								
	若是 24.1）工作地点	代码4								
	24.2）工作的县级市名	填写名字								
	24.3）职业类型	代码2								
	24.4）行业类型	代码3								
	24.5）在外工作的月份数	月								
	24.6）平均每月的工资	元/月								
	25）收入是否用于家庭开支	1 = 是；2 = 否								

代码1：1 = 种马铃薯，2 = 种植其他大田作物，4 = 养殖业，5 = 渔业，6 = 其他，请注明

代码2：1. 家庭经营农业劳动者，2. 家庭经营非农业劳动者，3. 受雇劳动者，4. 个体合伙工商劳动经营者，5. 私营企业经营者，6. 乡村及国家干部，7. 教育科技医疗卫生和文化艺术工作者，8. 其他，请注明

代码3：1. 农林牧渔业，2. 采矿业，3. 制造业，4. 电力、燃气及水的生产和供应业，5. 建筑业，6. 交通运输、仓储和邮政业，7. 批发和零售业，8. 住宿和餐饮业，9. 租赁和商务服务业，10. 居民服务和其他服务业，11. 其他，请注明

代码4：1. 本县县城内，2. 本市内其他县，3. 本省内其他市，4. 外省，5. 国外，6其他，请注明

B. 耕地信息

B1. 基本信息

1. 自家庭承包责任制推行来，村里是否对您家地调整过 _____？1 = 是；2 = 否（则跳到 B2）；2：共调整过 _____ 次？

调整次数		1	2	3	4	5
2. 年份（Year）						
3. 调整方式	1 = 大调整，2 = 小调整					
4. 有几人分得土地	人					

B2. 地块信息

B2.1　2012 年所有地块信息

序号		单位和代码	1	2	3	4	5	6	7	8	9	10	11	12	13	14	15
1.	地块位置	例：东1里															
2.	地块面积	亩															
3.	地块特征	代码1															
4.	土壤特征	代码2															
5.	肥沃程度	代码3															
6.	是否农田改造	1=是，2=否															
7.	是否灌溉	1=是，2=否															
8.	地里是否有灌溉井	1=是，2=否															
9.	灌溉水来源	代码4															
10.	灌溉方式	代码5															
11.	种植作物	代码6															
12.	地块离家距离	里															
13.	地块离最近的马路距离	里															
14.	所有权方式	代码7															
15.	若付租金租入耕种地块	租金	元/亩															
16.		合同方式	1=书面，2=口头															
17.		合同期限	年															
18.		是否可以提前退还土地	1=是，2=否															
19.		谁租给你	代码8															
20.		租了几年了	年															
21.	若分成制租入地块	租金：___斤农作物	斤/亩															
22.		分成制租入农作物折价	元/亩															
23.		谁租给你	代码8															
24.		租了几年了	年															
25.	若免费借入地块	谁借给你	代码8															
26.		借了几年了	年															

续表

序号		单位和代码	1	2	3	4	5	6	7	8	9	10	11	12	13	14	15
27.	租入/借入原因	代码9															
28.	是否获得租入/借入地补贴	1=是，2=否															
29.	付租金租出地块	租金	元/亩															
30.		租给谁	代码8															
31.		租出几年了	年															
32.	若分成制借出	租金：___斤农作物	斤/亩															
33.		分成制租入农作物折价	元/亩															
34.		租给谁	代码8															
35.		租出几年了	年															
36.	若免费借出	借给谁	代码8															
37.		借出几年了	年															
38.	借出/租出原因	代码10															
39.	是否获得租出/借出地补贴	1=是，2=否															
40.	若流转土地，是否通过土地流转中心流转	1=是，2=否															
41.	若抛荒	原因	代码11															
42.		何时抛荒	年															

代码1：①平原；②丘陵；③山地；④梯田

代码2：①黏土；②沙土；③壤土；④盐碱土；⑤其他，请注明

代码3：①肥沃；②中；③差

代码4：①地下水；②河水；③水库；④雨水；⑤其他，请注明

代码5：①大型喷灌圈；②微型喷灌；③滴灌；④漫灌；⑤无灌溉；⑥其他，请注明

代码6：1=马铃薯，2=小麦，3=玉米，4=胡萝卜，5=甜菜，6=胡麻，7=莜面，8=葵花，9=白菜，10=豌豆，11=番薯，12=其他，请注明

代码7：1=自有耕地，2=付租金租入，3=分成制租入，4=免费借入，5=付租金租出，6=分成制租出，7=免费租出，8=抛荒，9=其他，请注明

代码8：1=本村其他小农户，2=外村其他小农户，3=本村种植大户，4=外村种植大户，5=种薯公司，6=加工厂，7=村/乡政府，8=合作社，9=其他，请注明

代码9：1=扩大规模，2=受人之托，必须照看，3=其他，请注明

代码10：1=村集体强制转出，2=家庭劳动力不够，无法耕种，3=租金适合，4=其他，请注明

代码11：1=家庭劳动力不够，无法耕种，2=土壤不够肥沃，3=没有灌溉水，4=其他，请注明

B2.2 - B2.8（略）

B3. 马铃薯<u>自有</u>地块<u>最大</u>两块和<u>租入</u>最大一块

序号	地块信息	代码	2012 年			2007 年		
			A	B	C	D	E	F
			自有最大	自有第二大	租用最大	自有最大	自有第二大	租用最大
1.	对应 B2.1 和 B2.5 中编码	编码						
2.	马铃薯种植品种	代码 1						
3.	面积	亩						
4.	轮作方式	代码 2						

代码 1：1 = 紫花白，2 = 克新 1 号，3 = 夏波蒂，4 = 费乌瑞它（荷 15），5 = 大西洋，6 = 克新 3 号，7 = 内薯 3 号，8 = 乌盟 601，9 = 底西芮，10 = 后旗红，11 = 冀张薯 4 号，12 = 冀张薯 6 号，13 = 冀张薯 10 号，14 = 坝薯 10 号，15 = 其他，请注明

代码 2：1 = 1 年 1 轮作，2 = 3 年 2 轮作，3 = 从不轮作，4 = 其他，请注明

C. 农业生产投入

C1. 种薯投入量

序号	问题	单位/代码	2012 年					2007 年				
			品种 1	品种 2	品种 3	品种 4	品种 5	品种 1	品种 2	品种 3	品种 4	品种 5
1	品种名称	代码 1										
2	计量单位	代码 2										
3	数量											
4	其中，自留数量											
5	自留种薯折价	元/单位										
6	交换/赠与数量											
7	交换种薯折价	元/单位										
8	购买数量											
9	从哪里购买	代码 3										
10	其他方式获得数量											

代码 1：1 = 紫花白，2 = 克新 1 号，3 = 夏波蒂，4 = 费乌瑞它，5 = 荷兰 15，6 = 大西洋，7 = 克新 3 号，8 = 内薯 3 号，9 = 乌盟 601，10 = 底西芮，11 = 后旗红，12 = 冀张薯 4 号，13 = 冀张薯 6 号，14 = 冀张薯 10 号，15 = 坝薯 10 号，16 = 其他，请注明____

代码 2：①斤；②粒；③克；④其他，请注明

代码 3：1 = 种薯公司，2 = 马铃薯加工公司，3 = 种薯专营店，4 = 省市级种薯研究所/中心，5 = 其他，请注明____

C2. 农资采购

C2.1　2012 年您家一共采购了_____次农资

其中，第一次采购时间_____（年 . 月）

第一次采购的农资清单表（若是农药不止两种，填写最重要的两种和总额）

序号	问题	代码	有机肥		钾肥		氮肥		磷肥		复合肥		农药			除草剂		地膜		灌溉管		种薯		其他	
			1	2	1	2	1	2	1	2	1	2	1	2	总额	1	2	1	2	1	2	1	2	1	2
1	单价	元																							
2	采购计价单位	代码1																							
3	采购量	数量																							
4	用于马铃薯的数量	数量																							
5	包装方式	代码2																							
6	金额	元																							

代码1：1 = 斤，2 = 粒，3 = 克，4 = 米，5 = 瓶，6 = 卷，7 = 其他，请注明

代码2：1 = 散装，2 = 袋装，3 = 瓶装，4 = 其他，请注明

第二次至第五次农资购买表格同上表（略）

C2.2　2007 年略

C3. 农资购买和运输

C3.1　2012 年如何购买和运输农资

序号	问题	代码	第一次	第二次	第三次	第四次	第五次
1.	从谁那里买的	代码3					
2.	商贩/提供者位置	代码4					
3.	商贩位置离农户家的距离为	千米					
4.	选择该商贩/提供者的原因	代码5					
5.	是否负责运输	1 = 是，2 = 否（跳到42）					
6.	车辆来源	①自有②租用③外包					
7.	若自有						
8.	采购地与家的距离	千米					
9.	运输工具	代码6					

续表

序号	问题	代码	第一次	第二次	第三次	第四次	第五次
10.	运输往返所需燃油量	计价单位(代码7)					
11.		数量					
12.	燃料成本	元					
13.	若租用						
14.	采购地与家的距离	千米					
15.	租用车辆类型	代码8					
16.	载重	吨					
17.	租金	元					
18.	租金是否含燃油费用	1 = 是;2 = 否					
19.	燃料类型	代码6					
20.	运输往返所需燃油量	计价单位(代码7)					
21.		数量					
22.	燃油成本	元					
23.	若外包						
24.	采购地与家的距离	千米					
25.	外包车辆类型	代码8					
26.	载重	吨					
27.	外包费用	元					
28.	是否与其他农户合伙购买	1 = 是,2 = 否 (跳至下一表)					
29.	若是,是否分摊运输费用	1 = 是,2 = 否 (跳至下一表)					
30.	分摊的费用	元					

代码1：1 = 商业银行，2 = 农信社，3 = 亲朋好友，4 = 批发商，5 = 经纪人，6 = 加工厂，7 = 冷库，8 = 民间借贷

代码2：1 = 住房，2 = 机械，3 = 田地，4 = 其他，请注明

代码3：①其他农民；②私人农资投入商店；③国有农资投入商店，如供销社；④农民专业合作社；⑤村镇农技推广机构；⑥马铃薯加工厂；⑦种子专卖店；⑧其他，请注明

代码4：①服务提供者到田头；②村内非田头；③本镇其他村；④本县其他镇；⑤本市其他县；⑥其他，请注明

代码5：①位置便利，近；②价格低；③质量有保障；④必要时能赊欠；⑤提供及时；⑥无其可以选择；⑦其他，请注明

代码6：①柴油；②93 号汽油；③97 号汽油；④天然气；⑤电力；⑥其他，请注明

代码7：①斤；②升；③度；④立方米；⑤其他，请注明

代码8：①农用货车（三轮）②货车（四轮）③拖拉机 ④卡车 ⑤人力车 ⑥畜力车⑦自行车；⑧摩托车，⑨其他，请注明

C3.2　2007 年表格与前表相同（略）

C4. 自家农家肥和秸秆投入（非购买农资）

序号	农资种类	单位	农家肥		秸秆		其他－注明					
			1	2	1	2	1	2	1	2	1	2
1	2012 年年数量	斤										
2	2012 年采购价格	元										
3	2007 年年数量	斤										
4	2007 年采购价格	元										

D. 马铃薯种植

D1. 马铃薯种植环节

D1.1　种薯切割

序号	问题	代码	2012 年	2007 年
1	自有劳动力人数	人		
2	自有劳动力天数	天		
3	是否雇工	①是；②否		
4	雇工人数	人		
5	雇工天数	天		
6	雇工工资	元/天		
7	是否换工	①是；②否		
8	换工人数	人		
9	换工天数	天		

D1.2 马铃薯农资使用量（分地块）

序号	农资种类	代码	2012 年				2007 年			
			A 自有最大	B 自有第二大	C 租用最大	所有马铃薯地块	D 自有最大	E 自有第二大	F 租用最大	所有马铃薯地块
1	种薯数量	计量单位（代码）								
2		数量								
3	有机肥数量	斤								
4	氮肥数量	斤								
5	钾肥数量	斤								
6	磷肥数量	斤								
7	复合肥数量	斤								
8	农药数量	计量单位（代码）								
9		数量								
10	除草剂数量	计量单位（代码）								
11		数量								
12	地膜	计量单位（代码）								
13		数量								
14	毛细管	计量单位（代码）								
15		数量								

代码：①斤；②克；③千克；④卷；⑤米；⑥毫升；⑦粒；⑧其他，请注明

D1.3 2012/2013 年马铃薯种植环节

D1.3.1 2012 年种植环节人力投入和设备投入

序号	问题	代码	整地 A 自有最大	整地 B 自有第二大	整地 C 租用最大	整地 所有马铃薯地块	播种 A 自有最大	播种 B 自有第二大	播种 C 租用最大	播种 所有马铃薯地块	施底肥 A 自有最大	施底肥 B 自有第二大	施底肥 C 租用最大	施底肥 所有马铃薯地块	追肥 A 自有最大	追肥 B 自有第二大	追肥 C 租用最大	追肥 所有马铃薯地块
a	是否与其他环节一起作业	①是;②否																
1	一起作业的环节为	代码1																
b	生产方式	代码2																
c	作业次数	次数																
d	若外包	代码3																
1	外包价格	数量																
2	外包费用	元																
3	所需时间	天																
4	提供者	代码4																
5	提供者位置	代码5																
e	若人工作业																	
1	是否雇用其他人	①是;②否																

续表

序号	问题	代码	整地 A 自有最大	整地 B 自有第二大	整地 C 租用最大	整地 所有马铃薯地块	播种 A 自有最大	播种 B 自有第二大	播种 C 租用最大	播种 所有马铃薯地块	施底肥 A 自有最大	施底肥 B 自有第二大	施底肥 C 租用最大	施底肥 所有马铃薯地块	追肥 A 自有最大	追肥 B 自有第二大	追肥 C 租用最大	追肥 所有马铃薯地块
2	雇用几人	人																
3	雇用天数	天																
4	工资	元/天																
5	是否与其他人换工	①是;②否																
6	需换工几人	人																
7	换工天数	天																
8	自有劳动力	人																
9	自有劳动力种植天数	天																
f	若畜力作业																	
1	牲畜所有权	代码6																
2	若2,租金	元/天																
3	作业天数	天																
4	需劳动力人数	人																
g	若机械作业																	
1	劳动力人数	人																
2	其中,自有劳动力	人																

续表

序号	问题	代码	整地 A 自有最大	整地 B 自有第二大	整地 C 租用最大	整地 所有马铃薯地块	播种 A 自有最大	播种 B 自有第二大	播种 C 租用最大	播种 所有马铃薯地块	施底肥 A 自有最大	施底肥 B 自有第二大	施底肥 C 租用最大	施底肥 所有马铃薯地块	追肥 A 自有最大	追肥 B 自有第二大	追肥 C 租用最大	追肥 所有马铃薯地块
3	自有劳动力天数	天																
4	换工	人																
5	换工天数	天																
6	雇工	人																
7	雇工天数	天																
8	雇工工资	元/天																
9	机械所有权	代码6																
10	若1，作业天数	天																
11	燃油类型	代码7																
12	亩均燃油使用量	代码8																
13		数量																
14	亩均燃油成本	元																
15	若2，租用天数	天																
16	租金	元/亩																
17	机械提供者	代码9																
18	提供者位置	代码5																
19	是否承担燃油费	①是；②否																

续表

序号	问题	代码	整地				播种				施底肥				追肥			
			A 自有最大	B 自有第二大	C 租用最大	所有马铃薯地块	A 自有最大	B 自有第二大	C 租用最大	所有马铃薯地块	A 自有最大	B 自有第二大	C 租用最大	所有马铃薯地块	A 自有最大	B 自有第二大	C 租用最大	所有马铃薯地块
20	若是，燃油类型	代码7																
21	亩均燃油使用量	代码8																
22		数量																
23	亩均燃油成本	元																
24	若3，借用天数	天																
25	机械提供者	代码9																
26	提供者位置	代码5																
27	燃油类型	代码7																
28	亩均燃油使用量	代码8																
29		数量																
30	亩均燃油成本	元																

代码1：①整地；②播种；③施肥；④施农药；⑤除草；⑥收获；⑦其他，请注明
代码2：①外包；②人工作业；③畜力作业；③机械作业
代码3：①元/天；②元/亩；③元/季
代码4：①当地有机器的农民；②＝农业服务公司；③＝农民合作社；④外省农业服务；⑤其他，请注明
代码5：①本村村内；②本镇其他村；③本县其他乡镇；④外县市；⑤外省，请注明
代码6：①自有；②租用；③借用
代码7：①柴油；②93号汽油；③97号汽油；④天然气；⑤电力；⑥其他，请注明
代码8：①斤；②升；③度；④立方米；⑤其他，请注明
代码9：1＝有机械的农户，2＝有机械的农民合作社，3＝农机租赁服务公司，4＝其他，请注明

D1.3.2　2012年种植环节人力投入和设备投入（续表）施农药，除草和收获（略）

D1.4　2007/2008年马铃薯种植环节（略）

D2. 马铃薯种植机械（填写您家从2004年以来购买过的机械，包括您已经卖掉的，若是超过3种，填写最近的3种）

序号	问题	代码	A 拖拉机			B 垄土机			C 覆膜垄土机			D 播种机			E 施肥机			F 打药机			G 收获机			H 其他		
			1	2	3	1	2	3	1	2	3	1	2	3	1	2	3	1	2	3	1	2	3	1	2	3
1	是否用于马铃薯生产	1=是；2=否																								
2	是否需要与拖拉机配套使用	1=是；2=否																								
3	主要燃料	代码1																								
4	功率	马力																								
5	每亩耗油量	代码2																								
6		数量																								
7	每亩耗油成本	元																								
8	2012/2013年是否为其他农户提供租赁服务	①是；②否（跳至11）																								
9	2012/2013年租赁服务面积	亩																								
10	2012/2013年租赁服务价格	元/亩																								
11	租赁服务收入	元																								

代码1：①柴油；②93号汽油；③97号汽油；④天然气；⑤电力；⑥其他，请注明

代码2：①斤；②升；③度；④立方米；⑤其他，请注明

115

D3. 马铃薯灌溉方式

D3.1 灌溉井

D3.1.1 您家有灌溉井的数量 _____ 个

D3.1.2 列举 2012 年情况

序号	建设购买时间	与几户农户共有	打井总成本（扣除补贴）	政府补贴金额	井深	水位
01						

D3.1.3 2007 年您家灌溉井是否与 2012 年一样？1＝是 _____，2＝否。若否，2007 年有灌溉井 _____ 个。

请在下面列举所有灌溉井情况

D3.2 水泵

D3.2.1 您家有水泵的数量 _____ 个

D3.2.2 列举 2012 年情况

序号	建设购买时间	水泵类型	总成本（扣除补贴）	政府补贴金额	水泵的马力/功率	水泵每年的维修费用	每小时抽水量	燃料类型	耗能量计价单位	每小时的耗能量	用于马铃薯灌溉的比重
01											

D3.2.3 2012 年您家水泵是否与 2012 年一样？1＝是 _____，2＝否。若否，2007 年有水泵 _____ 个。请在下面列举所有灌溉井情况

D3.2.4 列举 2007 年情况（略）

D3.3 滴灌技术

D3.3.1 何时开始使用滴灌技术 _____ 年，2012 年，您家有灌溉圈的数量 _____ 个

D3.3.2　列举 2012 年情况

问题	喷灌圈面积	喷灌圈半径	投资金额	补贴金额	采购年份	额定功率	轮胎最低转速	轮胎最低转速
01								

D3.3.3　2007 年，您家有灌溉圈的数量 _____ 个

D3.3.4　列举 2007 年情况（略）

D3.4　微型喷头

D3.4.1　何时开始使用滴灌技术 _____ 年

D3.4.2　滴灌详细信息

	面积	喷头半径	需要数量	采购/替换单价	补贴金额	轮胎最低转速	采购资金	年维护费用
2012/2007					2012 年		2012 年	2007 年

D3.5　滴灌

序号	问题	选项
1	您家是否使用滴灌？	1 = 是，2 = 否
2	若是，何时开始	年
3	若是，深水管道是否您出资铺设	1 = 是，2 = 否
4	铺设时间	年月

D4. 马铃薯地块灌溉问题

序号	问题	代码/单位	2012年				2007年			
			A 自有最大	B 自有第二大	C 租用最大	所有马铃薯地块	D 自有最大	E 自有第二大	F 租用最大	所有马铃薯地块
1	是否进行灌溉	1=是，2=否，依靠降水（跳至E）								
2	灌溉水来源	①地下水；②河水/渠水/湖水/水库；③其他（＿＿）								
3	灌溉是否外包？	1=是，2=否（跳至6）								
4	若是，每季的外包费用为	元								
5	是否买水进行灌溉	1=是，2=否（跳至9）								
6	若是，购买费用为	元/小时								
7	马铃薯种植的水费为	元								
8	政府是否对灌溉进行补贴	1=是；2=否								
9	如果是，如何补贴	请详细注明								
a	若地下水灌溉									
1	使用哪口灌溉井	填写相应的灌溉井代码								
2	是否使用水泵	1=是，2=否								
3	若是，使用的哪个水泵	填写相应的水泵代码								

续表

序号	问题		代码/单位	2012 年				2007 年			
				A 自有最大	B 自有第二大	C 租用最大	所有马铃薯地块	D 自有最大	E 自有第二大	F 租用最大	所有马铃薯地块
4	每季抽水所需的能耗费用	1) 电费	元								
5		2) 柴油费	元								
6		3) 汽油费	元								
7	是否需付水费?		1 = 是，2 = 否（跳至 b）								
8	若是，每季的马铃薯水费为		元								
b	若河水渠水/湖水灌溉/水车灌溉										
1	是否使用水泵		1 = 是，2 = 否								
2	若是，使用的哪个水泵		填写相应的水泵代码								
3	每季抽水所需的能耗费用	1) 电费	元								
		2) 柴油费	元								
		3) 汽油费	元								
4	水泵是否用于除马铃薯之外的作物		1 = 是，2 = 否								
5	是否需要付水费?		1 = 是，2 = 否（跳至 C）								
6	若是，每季的水费为		元								
c	灌溉方式:①大型喷灌圈;②微型喷灌;③滴灌;④沟渠漫灌;⑤其他（___）(可多选)										

D5. 马铃薯喷灌问题

大型喷灌圈 按地块填写信息，请竖着填写地块灌溉信息（微型喷灌滴灌沟渠漫灌同下表，略）

序号	问题	代码/单位	2012年				2007年			
			A自有最大	B自有第二大	C租用最大	所有马铃薯地块	D自有最大	E自有第二大	F租用最大	所有马铃薯地块
1	种植方式	1＝高垄；2＝半高垄；3＝平垄；4＝其他，请注明								
2	喷灌需几人完成	人								
3	其中：雇用几人	人								
4	一年平均浇水几个月	月								
5	每个月浇水多少天	天/月								
6	每次灌溉时间	小时								
7	灌溉速度	亩/时								
8	喷灌圈每年的电费	元								

E. 农作物产出

E1. 马铃薯产出（单位：斤）

按收获季节分

		2013 年				2007 年			
		A 自有最大	B 自有第二大	C 租用最大	所有马铃薯地块	D 自有最大	E 自有第二大	F 租用最大	所有马铃薯地块
秋季	种薯								
	商品薯								
	加工薯								

E2. 其他作物产出（单位：斤；元/斤）

	作物（代码）	2013 年				2007 年			
		产量	销售数量	出售价格	销售收入	产量	销售数量	出售价格	销售收入
春									
秋									

代码：①小麦；②玉米；③莜麦；④荞麦；⑤葵花；⑥胡麻；⑦菜籽；⑧豌豆；⑨其他，请注明

E3. 畜牧业产出（单位：头，只；元/头，元/只）

	代码	2013 年				2012 年			
		销售数量	出售价格	年初存栏量	年末存栏量	销售数量	出售价格	年初存栏量	秋季存栏量
1									
2									

代码：1 = 羊，2 = 牛，3 = 鸡，4 = 猪，5 = 其他，请注明_____

F. （略）

G. 马铃薯销售

G1. 销售信息

G1.1　2012 年，你一共卖了多少次马铃薯？其中，_____次在收获时直接出售，_____在存储之后再出售

G1.2　2007 年，你一共卖了多少次马铃薯？其中，_____次在收获时直接出售，_____在存储之后再出售

G2. 请列举收获时第一次出售的情况和储存后第一次出售的情况

	交易		2012 年		2007 年	
			收获时出售	储存后出售	收获时出售	储存后出售
1	时间：年 – 月 – 日					
2	在哪儿销售	代码 1				
3	谁来买	代码 2				
4	购买者从哪儿来	代码 3				
5	数量	万斤				
6	包装类型	代码 4				
7	每袋重量	斤				
8	包数	个				
38	您是否负责运输	1 = 是，2 = 否				
39	若是，您选择何种运输方式	1 = 自有车辆，2 = 租车，3 = 外包				
	若自有车辆运输					
40	距离	km				
41	运输工具代码	代码 8				
42	载重	吨				
43	燃油类型	代码 9				
44	计价单位	代码 10				
45	燃油花费	元				
46	油价	元/斤，升，度，立方米				
	若租用					
47	距离	km				
48	运输工具代码	代码 8				
49	载重	吨				
50	花费	元				
51	花费是否包括油价	1 = 是，2 = 否				
52	燃油类型	代码 9				
53	计价单位	代码 10				
54	燃油花费	元				
55	油价	元/斤，升，度，立方米				
	若外包					

续表

交易		2012 年		2007 年	
		收获时出售	储存后出售	收获时出售	储存后出售
56	距离	km			
57	运输工具代码	代码 8			
58	载重	吨			
59	花费	元/吨			

代码 1：1 = 田头，2 = 农户家，3 = 本村，4 = 本镇其他村，5 = 本县其他镇，6 = 本省其他县，7 = 其他，请注明

代码 2：1 = 经纪人，2 = 批发商，3 = 加工厂，4 = 合作社，5 = 超市，6 = 其他，请注明

代码 3：1 = 本村，2 = 本镇其他村，3 = 本市其他县，4 = 本省其他市，5 = 其他，请注明

代码 4：1 = 麻袋，2 = 塑料袋，3 = 编织袋，4 = 盒子，5 = 散装，6 = 其他，请注明

代码 5：1 ≤ 0.1kg，2 = 0.1 ~ 0.15kg，3 ≥ 0.15kg

代码 6：1 = 现金，2 = 农业投入（2 - 1 化肥，2 - 2 农药，2 - 3 种薯，2 - 4 其他，请注明），3 = 部分现金，部分投入品（3 - 1 化肥，3 - 2 农药，3 - 3 种薯，3 - 4 其他，请注明），4 = 支票，5 = 转账，6 = 其他，请注明

代码 7：1 = 与其签订合同且价格高，2 = 与其签订合同价格无优势，3 = 他需要的量大，4 = 他需要的量小，5 = 根据需要能会给预付款，6 = 现场付清全款，7 = 距离近，8 = 没有其他选择，9 = 其他，请注明

代码 8：1 = 农用车，2 = 厢式货车，3 = 拖拉机，4 = 卡车，5 = 人力车 6 = 畜力车，7 = 其他，请注明

代码 9：1 = 柴油，2 = 93 号汽油，3 = 97 号汽油，4 = 天然气，5 = 电力，6 = 其他，请注明

代码 10：1 = 斤，2 = 升，3 = 度，4 = 立方米，5 = 其他，请注明

H. 其他生产及生活设备

H1. 2012/2013 年住房信息

H1.1　2007/2008 年（略）

序号	资产序号		房产 1	房产 2	房产 3	房产 4	房产 5
1	资产来源	1 = 自建；2 = 购买；3 = 继承；4 = 接受馈赠；5 = 其他					
2	位置	1 = 村；2 = 乡镇上；3 = 县城里；4 = 城市里					
3	类型	1 = 楼房；2 = 平房					
4	建筑面积（不含庭院）	平方米					
5	庭院面积	平方米					
6	购买/自建时间	年份					
7	购买/自建价格	万元					

H2. 其他生活资料

序号	类别	名称	2012 年				2007 年			
			数量	购买时间（年）	购买价格（元）	2012 年值多少钱	数量	购买时间（年）	购买价格（元）	2012 年值多少钱
1	生产类	水泵								
2		喷雾器								
3		削根机								
4		打葵花机								
5		葵花播种机								
6	交通/运输类	手推车								
7		平板车								
8		农用三轮车								
9		货车（四轮）								
10		卡车								
11		面包车								
12		小汽车								
13		电动车/摩托车								
14		自行车								
15	生活类	录音机								
16		电子录像机								
17		DVD 播放机								
18		电视机								
19		电脑								
20		空调								
21		微波炉								
22		热水器								
23		手机								
24		固定电话								
25	其他									
26										

I.　（略）

J.　（略）

K. 家庭收入

序号	收入来源（纯收入）	2012 年	2007 年
A	农业收入：	×	×
1	马铃薯种植收入		
2	其他大田种植收入		
3	畜牧养殖收入		
B	家庭成员工资收入		
C	家庭经营活动收入		
D	资本收入：	×	×
1	银行存款利息收入		
2	奖券收入		
3	贷款利息收入		
4	出租土地、设备或房屋的收入		
5	出售交通工具的收入（如汽车、卡车和自行车等）		
6	出租、出售房屋收入		
7	出售耐用品的收入		
8	家庭成员外出务工收入和赠与		
E	补贴和转移支付：	×	×
1	村镇分红		
2	良种补贴		
3	粮食直补		
4	农机补贴		
5	灌溉补贴		
6	其他农业补贴 1		
7	其他农业补贴 2		
8	医疗补贴		
9	低保户		
F	其他收入 1		
G	其他收入 2		

参考文献

［1］陈强. 高级计量经济学及 Stata 应用［M］. 北京：高等教育出版社，2010.

［2］陈瑞英，蒙美莲，梁海强等. 不同水氮条件下马铃薯产量和氮肥利用特性的研究［J］. 中国农学通报，2012，28（3）：196－201.

［3］豆新社等. 甘肃陇中半干旱区旱作马铃薯水肥效应研究［J］. 农业现代化研究，2009，30（6）：744－747.

［4］樊胜根，张林秀，张晓波. 中国农村公共投资在农村经济增长和反贫困中的作用［J］. 华南农业大学学报（社会科学版），2002（1）：1－13.

［5］樊胜根，张晓波，Shermanrobinson. 中国经济增长和结构调整［J］. 经济学（季刊），2002（4）：181－198.

［6］樊胜根. 中国农业生产与生产率的增长：新的测算方法及结论［J］. 农业技术经济，1998（4）：28－36.

［7］方松海，王为农，成本快速上升背景下的农业补贴政策研究［J］. 管理世界，2009（9）：91－108.

［8］伽红凯，王树进. 江苏省农业生产要素弹性分析［J］. 华南农业大学学报（社会科学版），2013（3）：33－42.

［9］吕小明，张宗益，康继军. 我国农业机械化进程中能源效率的影响因素研究［J］. 软科学，2012，147（3）：51－56.

［10］郭欣旺. 市场参与方式对农户收入与分配的影响研究——基于甘肃定西到北京马铃薯供应链相关参与主体调研的分析［D］. 北京：中国农业科学院，2011.

［11］郝枫. 超越对数函数要素替代弹性公式修正与估计方法比较［J］. 数量经济技术经济研究，2015（4）：88－106.

［12］何华等. 不同水肥条件对马铃薯产量的影响［J］. 西北农业大学学报，1999，27（5）：22－27.

［13］贺冬梅. 水肥耦合对提高玉米产量的效应［D］. 贵阳：贵州大

学，2008.

[14] 赫永达．基于能源消费的资本与能源替代效应研究［D］．长春：吉林大学，2015.

[15] 胡瑞法，冷燕．中国主要粮食作物的投入与产出研究［J］．农业技术经济，2006（3）：2－9.

[16] 胡伟莲，陈贵才，张宏宇．能源危机对中国畜牧业的影响及对策［J］．中国畜牧兽医，2005，31（11）：i004－i005.

[17] 金黎平，罗其友．我国马铃薯产业发展现状和展望［R］．2013年中国马铃薯大会主题报告：8－18.

[18] 蓝海涛，姜长云．经济周期背景下中国粮食生产成本的变动及趋势［J］．中国农村经济，2009（6）：4－12.

[19] 李洁．中国能源强度与经济结构关系的数量研究［D］．成都：西南财经大学，2012.

[20] 李艳梅，张雷．中国居民间接生活能源消费的结构分解分析［J］．资源科学，2008（6）：890－895.

[21] 林毅夫，再论制度、技术与中国农业发展［M］．北京：北京大学出版社，2000.

[22] 刘凡等．不同水肥配合对马铃薯产量的影响［J］．干旱地区农业研究，2014，32（3）：108－113.

[23] 刘英基．粮食生产的能源投入及技术变动趋势［J］．华南农业大学学报（社会科学版），2015（3）：104－114.

[24] 刘作新，尹光华，孙中和等．低山丘陵半干旱区春小麦田水肥耦合作用的初步研究［J］．干旱地区农业研究，2000，18（3）：20－25.

[25] 卢肖平．马铃薯主粮化战略的意义、瓶颈与政策建议［J］．华中农业大学学报（社会科学版），2015（3）：1－7.

[26] 吕殿青，张文孝，谷洁等．渭北东部旱塬氮磷水三因素交互作用与耦合模型研究［J］．西北农业学报，1994，3（3）：27－32.

[27] 庞昭进等，发展我国马铃薯主粮化的建议［J］．河北农业科学，2015（3）：106－108.

[28] 彭科，安玉发．中国农业生产能源消费影响因素的实证分析——基于固定效应模型［J］．技术经济．2012（6）：101－106.

[29] 秦富，李先德，吕新业，卢向虎．河南小麦产业链各环节成本收益研究［J］．农业经济问题，2008（5）：13－19.

［30］秦翊，侯莉. 我国城镇居民收入对间接能源消费的影响实证分析
［J］. 生态经济，2013（1）：64 – 66.

［31］秦永林. 不同灌溉模式下马铃薯的水肥效率及膜下滴灌的氮肥推
荐［D］. 呼和浩特：内蒙古农业大学，2013.

［32］屈冬玉. 马铃薯产业应在我国农村区域经济发展中发挥更大作用
（序言），马铃薯产业与农村区域发展［C］. 2013 年中国马铃薯大会.

［33］石慧，王怀明，孟令杰. 要素累积、全要素生产率与中国农业增
长地区差异［J］. 农业技术经济，2009（3）.

［34］石敏俊，王妍，朱杏珍. 能源价格波动与粮食价格波动对城乡经
济关系的影响——基于城乡投入产出模型［J］. 中国农村经济，2009（5）：
4 – 13.

［35］唐华仓. 农业生产中的能源投入结构优化分析［J］. 中州学刊，
2007（7）：52 – 54.

［36］陶小马，邢建武，黄鑫，周雯. 中国工业部门的能源价格扭曲与
要素替代研究［J］. 数量经济技术经济研究，2009（11）：3 – 16.

［37］王金田. 中国农业经济增长的空间效应分析［D］. 北京：中国农
业科学院，2013.

［38］王妍，石敏俊. 中国城镇居民消费诱发的完全能源消耗［J］. 资
源科学，2009（12）：2093 – 2100.

［39］王艳玲，王鸿斌，赵兰坡. 吉林省西部盐化黑钙土区芝麻水肥耦
合效应研究［J］. 土壤通报，2004，35（4）：430 – 434.

［40］吴玉鸣. 中国区域农业生产要素的投入产出弹性测算——基于空
间计量经济模型的实证［J］. 中国农村经济，2010（6）：25 – 39.

［41］夏辉. 河北平原冬小麦水肥生产函数的研究［D］. 保定：河北农
业大学，2003.

［42］向猛. 我国农业生产性能源消费分析［D］. 北京：中国农业科学
院，2010.

［43］肖承蔚. 小规模养殖户购买生猪保险决策分析［D］. 北京：中国
农业科学院，2012.

［44］肖厚军，孙锐锋，何佳芳等. 不同水分条件对马铃薯耗水特性及
产量的影响［J］. 贵州农业科学，2011，39（1）：73 – 75.

［45］谢开云，屈冬玉，金黎平，庞万福. 中国马铃薯生产与世界先进
国家的比较［J］. 世界农业，2008（5）.

[46] 辛翔飞，刘晓昀. 要素禀赋及农业劳动生产率的地区差异 [J]. 世界经济文汇，2007（5）.

[47] 辛翔飞，秦富. 我国农业经济增长因素分析及地区差异比较 [J]. 新疆农垦经济，2005（12）.

[48] 徐键辉. 粮食生产的能源消耗及其效率研究——基于 DEA 方法的实证分析 [D]. 杭州：浙江大学，2011.

[49] 杨岱旻. 我国能源消费的价格弹性分析 [D]. 青岛：青岛大学，2011.

[50] 杨进. 中国农业机械化服务与粮食生产 [D]. 杭州：浙江大学，2015.

[51] 尹世久，吴林海，张勇. 我国粮食产量波动影响因素的经验分析 [J]. 系统工程理论与实践，2009（10）：28 - 34.

[52] 袁鹏. 中国能源需求增长的因素分解 [J]. 数量经济技术经济研究，2014（11）：70 - 85.

[53] 张朝春，江荣风，张福锁等. 马铃薯氮、磷、钾肥料效应的研究 [J]. 中国马铃薯，2004，18（6）：326 - 329.

[54] 张春玲. 农业生产要素投入产出弹性的空间计量分析 [J]. 统计与决策，2014（19）：137 - 142.

[55] 张利庠，彭辉，靳兴初. 不同阶段化肥施用量对我国粮食产量的影响分析：基于 1952 - 2006 年 30 个省份的面板数据 [J]. 农业技术经济，2008（4）：85 - 94.

[56] 张庆柱，张彩霞. 实施我国马铃薯主粮化的战略 [J]. 农业科技与装备，2015（7）：74 - 75.

[57] 张炜，张军. 农业产出增长及其变化因素的实证研究 [J]. 宏观经济研究，2010（7）：59 - 63.

[58] 张霞，蔡宗寿，李欢. 我国农业生产能源消费现状分析 [J]. 江苏农业科学，2015，43（5）：441 - 443.

[59] 张炎治. 中国能源强度的演变机理及情景模拟研究 [D]. 北京：中国矿业大学，2009.

[60] 张元红. 改革以来中国农业的增长与要素贡献 [J]. 中国农村经济，1996（5）.

[61] 张志伟等. 不同灌溉施肥方式对马铃薯产量和养分吸收的影响 [J]. 中国农学通报，2013，29（36）：268 - 272.

[62] 周洋. 氮磷钾配施对马铃薯产量及品质的影响 [D]. 哈尔滨：东北林业大学, 2011.

[63] 朱立志, 刘静, 向猛. 我国农业生产能源消费变化与趋势分析 [J]. 环境经济, 2010 (12)：44 - 47.

[64] Abubakar Hamid Danlami, Determinants of Demand for Fertiliser：A Conceptual Review [J]. IOSR Journal of Economics and Finance (IOSR-JEF), 2014, 4 (4)：45 - 48.

[65] Adesoji Adelaja and Anwarul Hoque, A Multi-Product Analysis Of Energy Demand In Agricultural Subsectors [J]. Southern Journal of Agricultural Economics, 1986, 12：51 - 64.

[66] Alexander Sarris, Sara Savastano and Luc Christiaensen, The Role of Agriculture in Reducing Poverty in Tanzania：A Household Perspective from Rural Kilimanjaro and Ruvuma [J]. The Journal of Sustainable Development, 2010, 4 (1)：80 - 102.

[67] B. Ozkan, et al. , Energy Input-Output Analysis in Turkish Agriculture [J]. Renewable Energy, 2004, 29：39 - 51.

[68] B. C. Asogwa, J. C. Umeh and J. C. Ihemeje, Analysis of Poverty Status Determinants Among Smallholder Farmers in Nigeria [J]. Asian Journal of Agricultural Sciences, 2012 (4)：8 - 15.

[69] Berihun Kassa Hailu, Bihon Kassa Abrha and Kibrom Aregawi Weldegiorgis, Adoption and Impact of Agricultural Technologies on Farm Income：Evidence from Southern Tigray, Northern Ethiopia [J]. International Journal of Food and Agricultural Economics, 2014, 2 (4)：91 - 106.

[70] Bhattacharjee J. P. , Resource Use and Productivity in World Agriculture [J]. Journal of Farm Economic, 1955, 37 (1)：57 - 71.

[71] Bhavani Shankar, Jenifer Piesse, Colin Thirtle, Energy Substitutability in Transition Agriculture：Estimates and Implications for Hungary [J]. Agricultural Economics, 2003, 29：181 - 193.

[72] Blackorby C. , Russell R. , Will the Real Elasticity of Substitution Please Stand Up? --A Comparison of the Allen/Uzawa and Morishima Elasticities [J]. The American Economic Review, 1989, 79 (4)：882 - 888.

[73] Bockari-Gevao S. M. , Wan I. , Yahya A. , et al. , Analysis of Energy Consumption in lowland Rice-Based Cropping System of Malaysia [J].

Songklanakarin Journal of Science & Technology, 2005, 27 (4): 820 – 827.

[74] Bola Amoke Awotide, Aliou Diagne and B. T. , Omonona, Impact of Improved Agricultural Technology Adoption on Sustainable Rice Productivity and Rural Farmers' Welfare in Nigeria: A Local Average Treatment Effect (LATE) Technique [C]. A paper prepared for Presentation at the African Economic Conference, 2012.

[75] Bullard C. W. , Herendeen R. , The Energy Costs of Goods and Services [J]. Energy Policy, 1975 (4): 279 – 284.

[76] C. I. Ezeh, O. W. Onwuka and I. N. Nwachukwu, Correlates of Inorganic Fertilizer Consumption Among Smallholder Farmers in Abia State, Nigeria [J]. Journal of Agriculture and Social Research (JASR), 2008, 8 (1): 62 – 69.

[77] C. W. Bullard, Peter S. Penner, David A. Pilati, Energy Analysis Handbook [J]. Resources and Energy, 1978 (1): 267 – 313.

[78] Canakci M. , Topakci M. , Akinci I. and Ozmerzi A. , Energy Use Pattern of Some Field Crops and Vegetable Production: Case Study For Antalya Region, Turkey [J]. Energy Conversion and Management, 2005, 46: 655 – 666.

[79] Carter H. O. , Youde J. G. , Some Impacts of the Changing Energy Situation on US Agriculture [J]. American Journal of Agricultural Economics, 1974, 56 (5): 878 – 887.

[80] Cervantes-Godoy D. and J. Dewbre, Economic Importance of Agriculture for Poverty Reduction [R]. OECD Food, Agriculture and Fisheries Working Papers, 2010, 23.

[81] Çetin B. and Vardar A. , An Economic Analysis of Energy Requirements and Input Costs for Tomato Production in Turkey [J]. Renewable Energy, 2008, 33: 428 – 433.

[82] Chilot Yirga and R. M. Hassan, Determinants of Inorganic Fertilizer Use in the Mixed Crop Livestock Farming Systems of Central Highlands of Ethiopia [J]. African Crop Science Journal, 2013, 21 (3): 669 – 681.

[83] D. S. Karale, V. P. Khambalkar, S. M. Bhende, Sharddha B. Amle and Pranali S. Wankhede, Energy Economic of Small Farming Crop Production Operations [J]. World Journal of Agricultural Sciences, 2008, 4 (4): 476 – 482.

[84] Dalgaard T. , Halberg N. , Fenger J. , Simulation of Fossil Energy Use & Emission of Greenhouse Gases: Three Scenarios for The Conversion to 100%

Organic Farming in Denmark [J]. Acta Crystallographica, 2000, 50 (11): 1758 – 1760.

[85] Demircan V., Ekinci K., Keener H. M., et al., Energy and Economic Analysis of Sweet Cherry Production in Turkey: A Case Study From Isparta Province [J]. Energy Conversion & Management, 2006, 47 (13/14): 1761 – 1769.

[86] Dinar A., Impact of Energy Cost and Water Resource Availability on Agriculture and Ground Water Quality in California [J]. Resource and Energy Economics, 1994, 16 (1): 47 – 66.

[87] Bonny S., Effects of The Energy Crisis on French Agriculture Between 1974 and 1984 [J]. Agricultural Economics, 1987, 1 (3): 259 – 272.

[88] Dontsop Nguezet P. M., Diagne A., Okoruwa V. O. and Ojehomon V., Impact of Improved Rice Technology on Income and Poverty among Rice Farming Household in Nigeria: A Local Average Treatment Effect (LATE) Approach [C]. The Centre for the Studies of African Economies (CSAE). 2011, 20 – 22.

[89] Ebrahim Azarpour, Maral Moraditochaee and Hamid Reza Bozorgi, Evaluating Energy Balance and Energy Indices of Wheat Production in Rain-Fed Farming in Northern Iran [J]. African Journal of Agricultural Research, 2012, 7 (12): 1950 – 1955.

[90] Echevarria C., A Three – Factor Agricultural Production Function: The Case of Canada [J]. International Economic Journal, 1998, 12 (3): 63 – 75.

[91] F. Olivierperrin, Relationship Between Inputs and Outputs of Agricultural Production Converted into Energy Equivalents [J]. Zemes Ukio Mokslai, 2009, 16 (3 – 4): 211 – 216.

[92] Franzluebbers A. J. and C. A. Francis, Energy Output-Input Ratio of Maize and Sorghum Management Systems in Eastern Nebraska [J]. Agric Ecosystem Environ, 1995, 53 (3): 271 – 278.

[93] Yamauchi F., Wage Growth, Landholding and Mechanization in Agriculture [C]. 2015 Conference, August 9 – 14, 2015, Milan, Italy. International Association of Agricultural Economists, 2015.

[94] Oseni, Gbemisola, McGee, et al., Can Agricultural Households Farm Their Way out of Poverty? [R]. Policy Research Working Paper 7093, 2014, 1.

[95] General Accounting Office, Natural Gas: Domestic Nitrogen Fertilizer

Production Depends on Natural Gas Availability and Prices [R]. GAO - 03 - 1148, 2003.

[96] Geoffrey Okoboi, Mildred Barungi, Constraints to Fertilizer Use in Uganda: Insights from Uganda Census of Agriculture [J]. Journal of Sustainable Development, 2012, 5 (10): 99 - 114.

[97] Getachew Nigatu, Kim Hjort, James Hansen and Agapi Somwaru, The Impacts of Energy Prices on Global Agricultural Commodity Supply [C]. Selected paper prepared for presentation at the Agricultural and Applied Economics Association's 2014 AAEA Annual Meeting, Minneapolis, MN, July 27 - 29, 2014.

[98] Getaneh Kebede Ayele, The Impact of Selected Small-Scale Irrigation Schemes on Household Income and the Likelihood of Poverty in the Lake Tana Basin of Ethiopia [C]. A Project Paper Presented to the Faculty of the Graduate School of Cornell University, 2011.

[99] Gezer I., Acaroglu M. and Haciseferogullari H., Use of energy and labour in apricot in Turkey [J]. Biomass Bioenergy, 2003, 24 (3): 215 - 219.

[100] Girish Kumar Jha, Suresh Pal and Alka Singh, Changing Energy-use Pattern and the Demand Projection for Indian Agriculture [J]. Agricultural Economics Research Review, 2012, 25 (1): 61 - 68.

[101] Gohin A., Chantret F., The Long-Run Impact of Energy Prices on World Agricultural Markets: The Role of Macro-Economic Linkages [J]. Energy Policy, 2010, 38 (1): 333 - 339.

[102] Griliches Z., Research Expenditures, Education and the Aggregate Agricultural Production Function [J]. American Economic Review, 1964, 54 (6): 961 - 974.

[103] Han Phoumin, Fukunari Kimura, Trade Off Relationship between Energy Intensity Thus Energy Demand and Income Level: Empirical Evidence and Policy Implications for Asean and East Asia Countries [R]. ERIA Discussion Paper Series.

[104] Hanson K., Robinson S., Schluter G., Sectoral Effects of a World Oil Price Shock: Economywide Linkages to the Agricultural Sector [J]. Staff Reports, 1991.

[105] Hatirli S. A., Ozkan B. and Fert C., An Econometric Analysis of Energy Input-Output in Turkish Agriculture [J]. Renewable and Sustainable Energy

Reviews, 2005, 9: 608 – 623.

[106] Hayami Y. and Ruttan V. W. , Agricultural Productivity Differences among Countries [J]. American Economic Review, 1970, 60 (4): 895 – 911.

[107] Hu B. D. and McAleer M. , Estimation of Chinese Agricultural Production Efficiencies with Panel Data [J]. Mathematics and Computers in Simulation, 2005, 68 (5 – 6): 474 – 483.

[108] Ibrahim Yilmaz, Handan Akcaoz, Burhan Ozkan, An Analysis of Energy Use and Input Costs for Cotton Production in Turkey [J]. Renewable Energy, 2005, 30: 145 – 155.

[109] Beckman J. F. , Borchers A. , Jones C. , Agriculture's Supply and Demand for Energy and Energy Products [J]. Social Science Electronic Publishing, 2013, 85 (1): 29 – 32.

[110] Randrianarisoa J. C. , Minten B. , Agricultural Production, Agricultural Land and Rural Poverty in Madagascar [J]. SSRN Electronic Journal, 2001.

[111] Jianbo L. , Energy Balance and Economic Benefits of Two Agro-Forestry Systems in Northern and Southern China [J]. Agriculture, Ecosystem and Environment, 2006, 116: 255 – 262.

[112] John E. Sawyer. , Natural Gas Prices Affect Nitrogen Fertilizer Costs [N]. Integrated Crop Management News, January 29, 2001.

[113] John W. McArthur and Gordon C. McCord, Fertilizing Growth, Agricultural Inputs and Their Effects in Economic Development [R]. Global Economy and Development, Working Paper, 2014.

[114] Umeh J. C. , Asogwa B. C. , Econometric Model of Poverty for the Farming Households in Nigeria: A Simultaneous Equation Approach [C]. International Conference on Agricultural and Animal Science, Singapore, 2011.

[115] Jungho, Baek, Won, et al. , Analyzing Factors Affecting U. S. Food Price Inflation [J]. Canadian Journal of Agricultural Economics/revue Canadienne Dagroeconomie, 2010, 58 (3), 303 – 320.

[116] Karen Refsgaard, Niels Halberg, Erik Steen Kristensen. , Energy Utilization in Crop and Dairy Production in Organic and Conventional Livestock Production Systems [J]. Agricultural Systems, 1998, 57 (4): 599 – 630.

[117] Kevin Dhuyvetter, Samuel Funk, Terry Kastens and Michael Langemeier, An Assessment of the State of the Agricultural Economy due to Increased

Energy Prices [R]. December 1, 2005.

[118] Kliebenstein J. B. , Chavas J. P. , Adjustments of Mid-West Grain Farm Businesses in Response to Increases in Petroleum Energy Prices [J]. Southern Journal of Agricultural Economics, 1977, 9 (2).

[119] Kuesters J. , Lammel J. , Investigations of The Energy Efficiency of The Production of Winter Wheat and Sugar Beet in Europe [J]. European Journal of Agronomy the Official Journal of the European Society for Agronomy, 1999, 11 (1): 35 – 43.

[120] Lenzen M. , Dey C. , Foran B. , Energy Requirements of Sydney Households [J]. Ecological Economics, 2004 (49): 375 – 399.

[121] Lenzen M. , Dey C. , Lundie S. , A Comparative Multivariate Analysis of Household Energy Requirements in Australia, Brazil, Denmark, India and Japan [J]. Energy, 2006, 31: 181 – 207.

[122] Lenzen M. , Errors in Conventional and Input-Output Based Life-Cycle Inventories [J]. Journal of Industrial Ecology, 2001, 4 (4): 127 – 148.

[123] Lenzen M. , Generalised Input-Output Multiplier Calculus for Australia [J]. Economic Systems Research, 2001, 13 (1): 65 – 92.

[124] Leontief W. , Environmental Repercussions and The Economic Structure: An Input-Output Approach [J]. The Review of Economics and Statistics, 1970 (3): 262 – 271.

[125] Leontief W. and D. Ford. , Environmental Repercussions and The Economic Structure: An Input-Output Approach [J]. Review of Economics and Statistics, 1970, 52 (3): 262 – 271.

[126] Lin J. Y. , Rural Reforms and Agricultural Growth in China [J]. American Economic Review, 1992, 82 (1): 34 – 51.

[127] Lio M. and Liu M. , Governance and Agricultural Productivity: A Cross-national Analysis [J]. Food Policy, 2008, 33 (6): 504 – 512.

[128] M. Assa, A. Mehire, K. Ngoma, E. Magombo and P. P. Gondwe, Determinants of Smallholder Farmers' Demand for Purchased Inputs in Lilongwe District, Malawi: Evidence from Mitundu Extension Planning Area [J]. Middle-East Journal of Scientific Research, 2014, 19 (10): 1313 – 1318.

[129] Maamar Sebri, MehdiAbid, Energy Use for Economic Growth: A Tri-variate Analysis From tunisian Agriculture Sector [J]. Energy Policy, 2012, 48:

711 – 716.

[130] Macours K. , Swinnen J. F. , Causes of Output Decline in Economic Transition: The Case of Central and Eastern European Agriculture [J]. Journal of Comparative Economics, 2000, 28 (1): 172 – 206.

[131] Madhusudan Bhattarai and A. Narayanamoorthy, Impact of Irrigation on Rural Poverty in India: An Aggregate Panel-Data Analysis [J]. Water Policy, 2003 (5): 443 – 458.

[132] Mandal K. G. , Saha K. P. , Ghosh P. K. , et al. , Bioenergy and economic analysis of soybean-based crop production systems in central India [J]. Biomass & Bioenergy, 2002, 23 (5): 337 – 345.

[133] Manes G. S. and S. Singh, Sustainability of Cotton Cultivation through Optimal Use of Energy Inputs in Punjab [J]. Journal of the Institution of Engineers (India): Agricultural Engineering Division, 2005, 86 (1): 61 – 64.

[134] Mathijs E. , Swinnen J. F. , The Economics of Agricultural Decollectivization in East Central Europe and The Former Soviet Union [J]. Econ. Dev. Cultural Change, 1998, 47: 1 – 26.

[135] Morteza T. , R. Abdi, M. Akbarpour and H. G. Mobtaker. , Energy Inputs-Yield Relationship and Sensitivity Analysis for Tomato Greenhouse Production in Iran [J]. Agric Eng Int: CIGR Journal, 2013, 15 (1): 59 – 67.

[136] Moss C. B. , Livanis G. , Schmitz A. , The Effect of Increased Energy Prices on Agriculture: A Differential Supply Approach [J]. Journal of Agricultural & Applied Economics, 2010, 42 (4): 711 – 718.

[137] Mrini M. , F. Senhaji and D. Pimentel, Energy Analysis of Sugarcane Production in Morocco. Environment [J]. Development and Sustainability, 2001, 3: 109 – 126.

[138] Munksgaard J. , Wier M. , Lenzen M. , et al. , Using Input-Output Analysis to Measure the Environmental Pressure of Consumption at Different Spatial Levels [J]. Industrial Ecology, 2005 (9): 169 – 185.

[139] Munksgaard J. , Applications of Input-Output Models for Lca: Some Experiences from The Energy Area [C]. Paper presented at Workshop on Life Cycle Assessment and Input-Output Analysis, University of Copenhagen, September 29 – 30, 2000.

[140] Nabavi-Pelesaraei, et al. , An Analysis of Energy Use, CO_2 Emissions

and Relation between Energy Inputs and Yield of Hazelnut Production in Guilan Province of Iran [J]. Int J Adv Biol Biom Res, 2013, 1 (12): 1601 – 1613.

[141] Naeimeh Samavatean, Shahin Rafiee, Hossein Mobli, An Analysis of Energy Use and Estimation of a Mechanization Index of Garlic Production in Iran [J]. Journal of Agricultural Science, 2011, 3 (2): 198 – 205.

[142] Okoedo-Okojie D. U. and A. Aphunu, Assessment of Farmers' Attitude towards the Use of Chemical Fertilizers in Northern Agricultural Zone of Delta State, Nigeria [J]. Archives of Applied Science Research, 2011, 3 (1): 363 – 369.

[143] Owombo P. T., Akinola A. A., Ayodele O. O., Koledoye G. F., Economic Impact of Agricultural Mechanization Adoption: Evidence from Maize Farmers in Ondo State, Nigeria [J]. Journal of Agriculture and Biodiversity Research, 2012, 1 (2): 25 – 32.

[144] Ozkan B., Akcaoz H. and Karadeniz F., Energy Requirement and Economic Analysis of Citrus Production in Turkey [J]. Energy Conversion and Management, 2004, 45: 1821 – 1830.

[145] Pachauri S., Spreng D., Direct and Indirect Energy Requirements of Households in India [J]. Energy Policy, 2002 (30): 511 – 523.

[146] Pishgar S., S. Rafiee and P. Sefeedpari, Energy Use Pattern and Sensitivity Analysis of Rice Production: A Case Study of Guilane Province of Iran [J]. African Crop Science Journal, 2011, 19 (2): 117 – 124.

[147] Proops J. L. R., Input-Output Analysis and Energy Intensities: A Comparison of Methodologies [J]. Applied Mathematical Modelling, 1977 (3): 181 – 186.

[148] Schnepf R., Energy Use in Agriculture: Background and Issues [M]. Library of Congress. Congressional Research Service, 2004.

[149] Rashid Faruqee and Kevin Carey, Agricultural Growth and Poverty in Pakistan [R]. Human Capital Development Working Paper, 1996.

[150] Rasoul Loghmanpour zarini, Asadollah Akram, Reza Tabatabaee Kolour, Rouhollah Abedi Firouzjaee, Energy Use, Economic Analysis and Mechanization Index of Onion Production in Iran [J]. Journal of Middle East Applied Science and Technology (JMEAST), 2014, 7: 344 – 351.

[151] Rathke G. W. and W. Diepenbrock, Energy Balance of Winter Oilseed Rape (Brassica Napus l.) Cropping as Related to Nitrogen Supply and Preceding

Crop〔J〕. Europ. J. Agronomy, 2006, 24: 35 – 44.

〔152〕Ravallion, Martin, and Gaurav Dant, Growth and Poverty in Rural India〔R〕. Washington: World Bank, Policy Research Working Paper 1405, 1995.

〔153〕Reza Yadi, Salman Dastan, Morteza Siavoshi, Mahbubeh Ebrahimi, Inputs Use and Energy Balance in Wheat Production Farms at Sari Region in Iran 〔J〕. Advances in Environmental Biology, 2014, 8 (16): 406 – 410.

〔154〕Shoemaker R., Effects of Changes in U. S. Agricultural Production on Demand for Farm Inputs〔J〕. Technical Bulletins, 1986.

〔155〕Romanus Dogkubong Dinye and Joseph Ayitio, Irrigated Agricultural Production and Poverty Reduction in Northen Ghana: A Case Study of The Tono Irrigation Scheme in The Kassena Nankana District〔J〕. International Journal of Water Resources and Environmental Engineering, 2013 (5): 119 – 133.

〔156〕Ronald Sands and Paul Westcott, Impacts of Higher Energy Prices on Agriculture and Rural Economies〔R〕. Economic Research Report, Number 123, August 2011.

〔157〕Ronald Trostle, Global Agricultural Supply and Demand: Factors Contributing to the Recent Increase in Food Commodity Prices〔R〕. A Report from the Economic Research Service, May 2008.

〔158〕S. F, Pardy P. G., Research, Productivity, and Output Growth in Chinese Agriculture〔J〕. Journal of Development Economics, 1997, 53 (1): 115 – 137.

〔159〕S. Mandal, et al., Energy Efficiency and Economics of Rice Cultivation Systems under Subtropical Eastern Himalaya〔J〕. Energy for Sustainable Development, 2015 (28): 115 – 121.

〔160〕S. Shahin, A. Jafari, H. Mobli, S. Rafiee and M. Karimi, Effect of Farm Size on Energy Ratio for Wheat Production: A Case Study from Ardabil Province of Iran〔J〕. American-Eurasian J. Agric. & Environ. Sci., 2008, 3 (4): 604 – 608.

〔161〕Sartori L., B. Basso, M. Bertocco and G. Oliviero, Energy Use and Economic Evaluation of a Three Year Crop Rotation for Conservation and Organic Farming in NE Italy〔J〕. Biosystems Engineering, 2005, 91 (2): 245 – 256.

〔162〕Seyed Ha, Mathias NA., Finn Plauborg, et al., Effects of Irrigation

Strategies and Soils on Field Grown Potatoes: Yield and Water Productivity [J]. Agricultural Water Management, 2010, 97 (11): 1923 – 1930.

[163] Sh. Lorzadeh, A. Mahdavidamghani, M. R., Enayatgholizadeh and M. Yousefi. Reasearch of Energy Use Efficiency for Maize Production Systems in Izeh, Iran [J]. Acta Agriculturae Slovenica, 2014, 99 (2): 137 – 142.

[164] Singh, H., Mishra D., Nahar N. M. and Ranjan M., Energy Use Pattern in Production Agriculture of a Typical Village in Arid Zone India [J]. Energy Conversion Management, 2003, 44 (7): 1053 – 1067.

[165] Singh S. and Mittal J. P., Energy in Production Agriculture [M]. Mittal Publications, New Delhi, India. 1992: 143.

[166] Singh S., Singh S., Mittal J. P. and Pannu C. J. S., Frontier Energy Use for The Cultivation of Wheat Crop in Punjab [J]. Energy Conversation Management, 1998, 39 (5/6): 485 – 491.

[167] Singh H., Mishra D, and Nahar. N. M., Energy Use Pattern in Production Agriculture of Typical Village in Arid Zone, India Part [J]. Energ Convers Manage, 2002, 43: 2275 – 2286.

[168] Skold M. D., Farmer Adjustments to Higher Energy Prices: The Case of Pump Irrigators [R]. Economic Research Service, USDA, Washington, D. C., ERS – 663, November 1977.

[169] Solomon Musa, JohnJiya Musa and Desa Ahmad, Mechanization Effect on Farm Practices in Kwara State, North Central Nigeria Dauda [J]. Journal of Engineering, 2012 (2): 79 – 84.

[170] Solow R. M., Technical Change and the Aggregate Production Function [J]. The Review of Economics and Statistics, 1957, 39 (3): 312 – 320.

[171] Soltani A., M. H. Rajabi, E. Zeinali and E. Soltani, Energy Inputs and Greenhouse Gases Emissions in Wheat Production in Gorgan [J]. Iran. Energy, 2013 (50): 54 – 61.

[172] Somporn Saitan, The Impact of Mechanization on Rural Income and Income distribution in Suphanburi, Thailand [R]. The Consequences of Small Rice Farm Mechanization Project Working paper, No. 79, 1983.

[173] Songqing Jin, Winston Yu, Hans G. P. Jansen and Rie Muraoka, The Impact of Irrigation on Agricultural Productivity: Evidence From India [R]. Selected Poster Prepared for Presentation at The International Association of Agricul-

tural Economists (IAAE) Triennial Conference, Foz do Iguaçu, Brazil, 18 – 24 August, 2012.

[174] Sorensen C. G., Nielsen V., Opeational Analyses and Model Comparison of Machinery Systems for Reduced Tillage [J]. Biosyst Eng, 2005, 92: 143 – 155.

[175] Stout, B. A., Handbook of Energy for World Agriculture [M]. Elsevier Applied Science London, 1990: 21.

[176] Tekwa J. I., Bunu M. M., Abubakar M. S., Impacts of Agricultural Mechanization Adoption on Floodplain Sugar-Cane (Saccharrum Officinarum L.) Farmers' Income in Mubi, N. E. Nigeria [J]. Agricultural Engineering International: The CIGR E-journal, 2010, 12 (2).

[177] Thomas Reardon, Kevin Chen, Feng Song, Bart Minten, Sunipa Das Gupta, Jianying Wang, Anh Dao, The Energy Costs in the Transforming Agri-food Value Chains in Asia [R]. Paper for the DFID/ESRC, November 2014.

[178] Timmer C. P., Interaction of Energy and Food Prices in Less Developed Countries [J]. American Journal of Agricultural Economics, 1975, 57 (2): 219 – 224.

[179] Tsatsarelis C. A., Energy Requirements for Cotton Production in Central Greece [J]. Journal of Agricultural Engineering Research, 1991, 50: 239 – 246.

[180] Ugwuja V. C., Adesope O. M., Odeyemi T. J., Matthews-Njoku E. C., Olatunji S. O., Socioeconomic Characteristics of Farmers as Correlates of Fertilizer Demand in Ekiti State, Southwest Nigeria: Implications for Agricultural Extension [J]. Greener Journal of Agricultural Sciences, 2011, 1 (1): 48 – 54.

[181] Canakci M., Topakci M., Akinci I., et al., Energy Use Pattern of Some Field Crops and Vegetable Production: Case Study for Antalya Region, Turkey [J]. Energy Conversion & Management, 2005, 46 (4): 655 – 666.

[182] Vringer K., Blok K., The Direct and Indirect Energy Requirements of Households in the Netherlands [J]. Energy Policy, 1995a (10): 893 – 910.

[183] W. L. Harman, D. C. Hardin, A. F. Wiese, P. W. Unger and J. T. Musick, No-Till Technology: Impacts on Farm Income, Energy Use and Groundwater Depletion in the Plains [J]. Western Journal of Agricultural Economics, 1985, 10 (1): 134 – 146.

[184] Wei Y. M., Liu L. C., Fan Y., et al., The Impact of Lifestyle on

Energy Use and CO$_2$ Emission: An Empirical Analysis of China's Residents [J]. Energy Policy, 2007, 35 (1): 247 –257.

[185] Yadav S. N. , R. Chandra, T. K. Khura and N. S. Chauhan, Energy Input-Output Analysis and Mechanization Status for Cultivation of Rice and Maize Crops in Sikkim [J]. Agric Eng Int: CIGR Journal, 2013, 15 (3): 108 –116.

[186] Yanagida J. F. , Conway R. K. , The Effect of Energy Price Increases on The US Livestock Sector [J]. Canadian Journal of Agricultural Economics/ Revue canadienne d'agroeconomie, 1981, 29 (3): 295 –302.

[187] Yuan Z. , Factors Affecting Farmers Decisions on Fertilizer Use: A Case Study for the Chaobai Watershed in Northern China [J]. Journal of Sustainable Development, 2010, 4 (1): 80 –102.

[188] Zilberman D. , Sproul T. , Rajagopal D. , et al. , Rising Energy Prices and The Economics of Water in Agriculture [J]. Water Policy, 2008, 10 (S1): 11 –21.